SOLIDARITÉ.

SOLIDARITÉ.

VUE SYNTHÉTIQUE

SUR LA

DOCTRINE DE CH. FOURIER,

PAR

HIPPOLYTE RENAUD,

ANCIEN ÉLÈVE DE L'ÉCOLE POLYTECHNIQUE.

Deuxième Édition.

PARIS,

LIBRAIRIE SOCIÉTAIRE, RUE DE SEINE, 10.

—

1845.

Abel Ollivier

BESANÇON, IMPRIMERIE DE SAINTE-AGATHE.

Si j'ai mal parlé, montrez-moi en quoi j'ai erré ;
si j'ai bien parlé, pourquoi me frappez-vous ?

JÉSUS-CHRIST.

Nihil humani a me alienum puto.

TÉRENCE.

Il y a stupidité à penser que ce qui n'a pas encore été fait, puisse se faire autrement que
par des moyens nouveaux.

BACON.

To enjoy is to obey.
(Jouir c'est obéir.)
Prière universelle de POPE.

TABLE.

PRÉFACE.

BUT DE L'OUVRAGE.

L'homme, dès l'origine., a été dans la nécessité d'étudier la nature, pour ne pas engager contre elle une lutte où il se serait brisé; il a donc observé ce qui s'offrait à lui, et, après avoir recueilli un certain nombre de faits, il a cherché à les grouper, pour embrasser, dans une commune explication, tous ceux qui semblaient en rapport par leurs caractères dominants.

C'est ainsi que toute science s'est développée : mais, avant de présenter des résultats bien satisfaisants pour l'esprit, chaque science a eu sa période d'incertitude et

1

de confusion, période qu'elle a franchie quand le génie, de sa main puissante, lui a imprimé enfin une marche assurée, en traçant la route dont elle ne sortirait pas désormais.

De nos jours, toute science n'a pas encore reçu cette heureuse impulsion ; les sciences de l'ordre moral, par exemple, sont encore dans leurs phases d'obscurité ; ce qui le prouve invinciblement, c'est le fractionnement indéfini des opinions de ceux qu'elles préoccupent.

Pour ces sciences enfin, nous venons l'affirmer, le jour de la transformation est arrivé ! Elles peuvent dès ce moment passer au rang des sciences positives ! Les principes d'éternelle vérité sur lesquels elles doivent reposer sont enfin découverts ! Nous affirmons que ces principes ne peuvent plus se perdre, pas plus que le nom de celui qui les a posés ; ce nom aujourd'hui méconnu, mais qui demain sera salué et béni sur toute la surface du Globe, le nom de CHARLES FOURIER !!...

Pour être en droit de repousser notre affirmation, il faudrait connaître d'abord la science que nous cherchons à propager. C'est cependant ce dont bien peu se mettent en peine parmi nos adversaires, qui viennent à nous armés de défiance, et qui prétendent nous juger sur quelques passages lus au hasard, sur quelques mots saisis dans une conversation. Chaque jour nous apporte de nouveaux exemples de cette incroyable légèreté avec laquelle les hommes les plus consciencieux d'ailleurs, déversent le blâme sur les écrits et la mémoire de Fourier, sans se sentir embarrassés par la difficulté de traiter d'une question dont ils ne savent pas le premier mot. Les uns, assimilant nos doctrines aux doctrines les plus subversives, nous condamnent sans appel sur cette prétendue parenté à laquelle leur esprit se cramponne, malgré la logique et le bon sens; les autres ne peuvent voir en nous que des hommes de parti, prêts à les dépouiller des avantages dont ils jouissent, bien que nous donnions pour caractère essentiel à la découverte de Fourier, la propriété d'élever, en richesse et en bonheur, les individus et les peuples, sans exiger d'aucun, quelle que soit sa position présente, le plus léger sacrifice; tous enfin s'attaquent à des chimères, poursuivent de vains fantômes, au lieu de nous chercher sur le terrain où nous nous sommes ostensiblement placés, où nous les appelons.

C'est que, pour porter un jugement sain, il faut s'élever d'abord à la contemplation de l'ensemble d'un système dont les parties se soutiennent les unes par les autres, dépendent les unes des autres, aussi rigoureusement que les voussoirs d'une voûte où tout s'écroulerait si un seul venait à manquer : c'est que la conception forme un tout bien compacte, qu'on ne peut espérer comprendre par fragments.

Accoutumés à se contenter de peu pour adopter une opinion de l'ordre philosophique, les hommes du siècle peuvent être séduits en assez grand nombre par quelques idées neuves sur l'Association, sur l'Organisation du Travail, sur l'extinction de la misère, etc. Mais ceux auxquels de simples aperçus suffisent ainsi, viendraient à nous comme ils seraient allés à toute autre École morale ou politique, sans avoir la certitude absolue qu'ils possèdent une science, qu'ils ont enfin rencontré la vérité. Ils seront satisfaits parce qu'ils n'espéraient pas mieux, pas même autant, sous l'influence de ce préjugé : que *la rigueur mathématique n'est plus possible dans les démonstrations de l'ordre moral.*

Mais il est des esprits logiques qui ne se contenteront pas d'un à peu près; qu'une seule objection en apparence insoluble jetterait dans le doute et détournerait de l'étude. A ceux-là la contemplation synthétique de la conception est d'abord nécessaire; ils ne s'arrêteront pas aux difficultés sur les détails, ils pourront les ajourner, mais ils voudront saisir les principes généraux. Tels sont les hommes que nous avons en vue en écrivant cet ouvrage, où nous chercherons à présenter la découverte dans sa simple et majestueuse unité.

On doit s'attendre à trouver ici un cadre offrant toutes les parties de la science esquissées à grands traits, et considérées principalement quant à leurs rapports. Ce cadre suffira bien, si nous avons su remplir la tâche que nous nous sommes imposée, pour que l'esprit soit fixé sur la valeur de la doctrine; cependant il faudra revenir sur chaque partie pour s'approprier des détails d'une haute valeur; mais cette seconde étude, à faire dans les œuvres du Maître ou dans les publications de l'École, sera facile pour celui qui aura bien compris ce que nous allons exposer, et ce livre peut encore être donné comme une introduction.

Avec la prétention de posséder et d'offrir une science, nous ne cherchons pas à agir sur l'imagination : nous nous adressons à la raison qui procède par la logique et ne connaît ni indulgence ni ménagements. Qu'on soit donc rigoureux et sévère, nous le voulons! Mais nous sommes en droit de réclamer de l'impartialité de nos juges, qu'ils viennent à nos idées dans ces dispositions d'esprit avec lesquelles on doit aborder toute science; nous sommes en droit de demander, pour l'étude de la Science sociale, ce que JOHN HERSCHELL, par exemple, demande pour l'étude de son Traité d'astronomie, dans un passage par lequel nous terminerons cette Préface, et dont nous désirerions vivement que le lecteur fût pénétré.

« Le premier soin de celui qui débute dans l'étude
» d'une science, doit être de préparer son esprit à
» recevoir la vérité, par l'abandon de toutes les notions
» imparfaites et adoptées à la hâte concernant les objets
» et les rapports qu'il va examiner, comme pouvant
» tendre à embarrasser et à égarer sa route. Il doit
» aussi faire une sorte d'effort pour se résoudre à adop-
» ter, *malgré le préjugé contraire*, toute conclusion
» qui lui paraîtra appuyée sur une observation exacte
» et une déduction logique, *fût-elle de nature à ren-*
» *verser toutes les notions qu'il s'était faites précédem-*
» *ment, ou qu'il avait admises, sans examen, sur la foi*
» *des autres*. Un tel effet doit être regardé comme le
» commencement de cette discipline intellectuelle qui
» forme une des plus importantes fins de la science.
» C'est le premier pas vers cet état de pureté mentale
» aussi nécessaire *pour la perception de la beauté phy-*
» *sique que pour celle de la beauté morale*. C'est la
» préparation qui doit *ouvrir nos yeux à la lumière de*
» *la vérité, et les mettre en état de saisir les linéaments*
» *du plan de la nature*.

» Il n'y a pas de science qui exige plus que l'astro-
» nomie une telle préparation et *qui réclame au plus*
» *haut degré une disposition libérale de l'esprit à*
» *adopter tout ce qui est démontré, à accorder tout ce*
» *qui est hautement probable*, SOUS QUELQUE POINT DE
» VUE NOUVEAU ET EXTRAORDINAIRE qu'il faille envisa-
» ger par suite les objets avec lesquels nous étions le
» plus familiers. La plupart des conclusions de la
» science astronomique *sont en contradiction ouverte*

» *et frappante avec l'observation vulgaire*, avec les
» croyances qui nous paraissent résulter le plus claire-
» ment du témoignage de nos sens, tant que nous
» n'avons pas compris et pesé la preuve du contraire. »

PREMIÈRE PARTIE.

LIVRE PREMIER.

PRINCIPES GÉNÉRAUX.

CHAPITRE PREMIER.

DE LA RAISON ET DE LA SCIENCE.

> ..... Les arts mécaniques, comme s'ils étaient
> pénétrés d'un certain souffle de vie, croissent
> et se perfectionnent de jour en jour.... La
> philosophie, au contraire, et les sciences in-
> tellectuelles, semblables à des statues, sont
> encensées et adorées, mais ne font aucun
> pas en avant.   BACON.

> Cherchez, et vous trouverez.
> *Évangile.*

L'HOMME partant du fait de son existence est naturellement porté à croire à une puissance organisatrice
par laquelle IL EST [1], à une intelligence supérieure
dont son intelligence serait une émanation.

[1] L'homme sent qu'il est lié à un système, que tout en conservant
son individualité, il fait partie d'un ensemble, d'un tout supérieur.

Cet ensemble, la nature, ayant eu puissance de former l'homme,
doit renfermer tous les principes dont l'homme lui-même est composé. L'homme est matière, la nature est donc matière; l'homme est
intelligence et passion, il y a donc, en dehors de l'homme, dans la
nature, une source d'intelligence et de passion.

L'homme s'élève ainsi à la pensée de Dieu, pensée qui, excluant toute participation du hasard à la direction des choses, conduit à admettre pour tous, pour l'individu comme pour l'espèce, un but providentiel, une destinée.

Connaître ce but, pour y tendre, pour accomplir sa destinée, doit être l'objet constant de tous les efforts de l'homme. C'est ainsi seulement qu'il peut mettre sa volonté en accord avec la volonté divine. C'est ainsi qu'il obéit, qu'il fait son devoir.

Mais avec le sentiment de *son devoir*, l'homme porte en lui-même la conscience de *son droit*.

Ce droit est de pouvoir comprendre ce que Dieu attend de lui : le plus inique, le plus absurde des despotes, n'oserait prescrire l'obéissance à un ordre qu'il n'aurait pas clairement exprimé.

Jusqu'à ce jour, ces deux sentiments naturels du devoir et du droit, n'ayant pu se satisfaire ensemble, se sont exclus, et chacun s'est laissé entraîner par celui des deux qui dominait en lui.

Les uns, pénétrés du sentiment du devoir, sont restés dans la foi, n'ont pas douté de la Providence, mais en admettant que la justice de Dieu n'est pas conforme au sentiment du juste *que Dieu a mis en nous*, en prescrivant à la raison de se soumettre, en donnant pour base à leur croyance le *mystère*.

Les autres, emportés par la conscience de leur droit,

ont rejeté ce qu'ils ne comprenaient pas. N'apercevant pas les causes de ce qui est, ils ont douté de l'universalité de la Providence, ils ont attribué la conduite des événements au *hasard*.

C'est que les uns et les autres ne pouvaient s'expliquer d'une manière satisfaisante comment le mal peut être, comment l'existence du mal est conciliable avec la pensée d'un Dieu souverainement bon.

Ainsi tous ont douté : ceux-ci ont douté de Dieu, ceux-là ont douté de la raison que Dieu leur a donnée, manière indirecte de douter de Dieu.

Pour ramener l'homme à la foi, il faut lui offrir aujourd'hui une foi complète et composée, une foi solidement assise sur le témoignage de la raison. Pour cela il faut que le flambeau de la science dissipe toutes les obscurités, illumine toutes les questions, la question du mal surtout, devant laquelle tous ont reculé jusqu'à ce jour.

Fourier a-t-il bien apporté au Monde cette explication universelle? L'Humanité lui serait-elle réellement redevable de cet immense bienfait? Après avoir lu cet ouvrage, nous l'espérons, plusieurs pourront répondre affirmativement à cette question si digne d'examen.

L'Humanité a tellement négligé certaines parties des connaissances qu'elle doit acquérir, que, sous plusieurs rapports, les notions les plus élémentaires lui ont manqué jusqu'à ce jour. Ainsi elle n'a pas encore résolu cette question primordiale à laquelle toutes les autres se rattachent : Quel est le pouvoir de la raison? Dans quelle sphère la raison est-elle compétente [1]?

Frappés des erreurs sans nombre où les esprits sont tombés, des dissentiments profonds qui les séparent sous tant de bannières ennemies, la plupart ont admis que la raison est incertaine : *Errare humanum est*, disaient les anciens; et les modernes répètent : Il faut se défier des lumières de la raison.

Cependant toute question se traduit en dernier ressort au tribunal de la raison. Ceux-là même qui déclarent la raison insuffisante, qui lui ordonnent de se soumettre, ne peuvent s'adresser *qu'à elle* pour qu'elle rende *contre elle* un arrêt d'incapacité! Douter de la raison, c'est, en définitive, douter de tout : c'est se plonger dans les ténèbres en soufflant sur la seule lumière qui les puisse illuminer; c'est se laisser conduire logiquement, s'il y a de la logique sans la raison, à la doctrine si ridiculisée du pyrrhonisme.

C'est cette question que nous examinerons d'abord,

---

[1] Le mot *raison* est peut-être mal choisi, cependant nous trouvions des difficultés à l'emploi de tout autre : du reste, nous prévenons toute équivoque en disant que nous entendons par ce mot la faculté ou les facultés de l'intelligence par lesquelles l'homme connaît, comprend, accepte des principes. C'est le *mens* des Latins.

pour établir ce qui peut paraître à première vue un paradoxe :

LA RAISON DE L'HOMME EST INFAILLIBLE.

Si l'on donnait à un géomètre des instruments pour mesurer un terrain, on ne pourrait attendre de lui un résultat exact qu'autant qu'on serait assuré de la justesse des instruments livrés.

Dieu, en mettant l'homme sur la terre, lui a donné à mesurer et à comprendre tout ce qui se trouve en rapport avec lui, tout ce qui dépend de lui, tout ce qui exerce une influence sur ses actes et sur sa destinée.

Pour cela il lui a donné un instrument unique : *la raison.*

La raison doit donc être exacte, doit suffire à la juste appréciation des choses, sans quoi Dieu aurait irrévocablement condamné l'homme à l'erreur, et Dieu seul, fabricateur alors d'un mauvais instrument, serait coupable de cette erreur et de ses conséquences, la douleur et le vice.

Cependant, sans aucun doute, l'homme s'est souvent trompé, il se trompe encore chaque jour.

Mais le géomètre aussi peut se tromper, quoique muni des instruments les plus parfaits.

C'est que le géomètre doit apprendre à se servir de ses instruments ; c'est que l'homme doit savoir user de sa raison.

L'œuvre de la raison est la recherche de la vérité.

La vérité n'a et ne peut avoir qu'un seul caractère, c'est d'être acceptée par la raison. Une chose est vraie, *de par la raison* qui la proclame telle, parce que la raison est, *de droit divin*, unique et souverain juge du vrai et du faux.

Les connaissances humaines se composent de l'ensemble des vérités découvertes : ces vérités classées d'après leurs rapports constituent les sciences.

Toute science repose sur des axiomes, c'est-à-dire sur des principes reçus sans démonstration, seulement parce que la raison les admet.

Comment démontrer que le tout est plus grand que la partie; que deux quantités égales à une troisième sont égales entre elles? Qui songe cependant à mettre en doute ces vérités?

Pour passer d'un axiome à une vérité plus avancée de la science, l'intelligence fait un trajet : ce trajet a pour but de conduire la raison en face de la vérité nouvelle, comme elle se trouvait d'abord en face de l'axiome. Alors la raison voit, reconnaît et proclame.

Et toute intelligence qui aura fait le même trajet apercevra et adoptera la même vérité.

Nous ne prétendons pas qu'une intelligence quelconque puisse comprendre une vérité quelconque. Une intelligence peut être incapable de faire le trajet qui conduit à une vérité, et alors elle ne peut proclamer cette vérité qu'elle n'a pu voir.

Là se trouve la différence entre les intelligences : celle-ci peut frayer la voie qui conduit à une vérité nouvelle : celle-là parvient seulement à suivre le chemin aplani par la première; une autre enfin manque de force pour avancer sur la route dégagée même de tout embarras.

Les intelligences ont donc plus ou moins de vigueur et d'énergie pour marcher à la vérité ; mais elles ne sont pas plus ou moins justes, plus ou moins fausses, puisque toujours elles acceptent toute vérité qu'elles ont pu voir.

Tant que l'intelligence n'a pas pu ou voulu faire le trajet qui conduit à une vérité, la raison n'a rien à nier ou à affirmer touchant cette vérité : elle ignore, elle ne sait pas, elle n'a pas vu.

Si dans cette ignorance d'une chose l'homme veut se prononcer sur cette chose, il ne peut parler qu'au hasard ; il tombe nécessairement dans des contradictions et des absurdités, puisqu'il veut littéralement juger comme les aveugles jugent des couleurs.

C'est ainsi que le sauvage se forme sur l'astronomie des idées ridicules, sans qu'on puisse accuser sa raison, qu'il n'a pas consultée sur les phénomènes qui le préoccupaient.

Lorsque dans sa pirogue il s'éloigne de la côte par

un temps calme, ne peut-il remarquer que la mer lui dérobe d'abord la vue des objets les plus bas, et en dernier lieu seulement la cime des arbres les plus élevés : ne peut-il en conclure que la surface des mers est arrondie, et cette première vérité ne le conduirait-elle pas à d'autres, s'il entrait ainsi dans la voie des observations ?

Ne serait-il pas possible que, sous certains rapports, les savants de la Civilisation en fussent encore au même point que le sauvage en astronomie? Si cela était, y aurait-il moyen de s'en assurer?

Sur un point inexploré et incompris, les hommes ne pourraient émettre que des idées vagues, discordantes, sans liens les unes avec les autres. *Paul* n'aurait jamais une opinion identique à celle de *Pierre*, et même *Paul de demain* ne penserait pas absolument comme *Paul d'aujourd'hui*. Comme il y aurait des raisons tout aussi bonnes ou tout aussi mauvaises pour dire *blanc* que pour soutenir *noir*, chacun montrerait dans son opinion du jour d'autant plus d'opiniâtreté qu'il verrait fort bien le vice des raisons adverses, sans songer à la faiblesse des siennes propres. Ce serait la parabole de l'œil traversé par une poutre, qui voit la paille dans un autre œil; seulement il y aurait poutre des deux côtés.

On croirait entendre le sauvage soutenant que chaque

jour un nouveau soleil éclaire son île, contre celui qui prétendrait que le même soleil, après être descendu dans la mer, regagne de nuit l'orient entre deux eaux. Certes, la question astronomique posée en ces termes ne serait pas près d'arriver à une bonne solution.

Ne venons-nous pas de peindre la Civilisation se livrant à ses études philosophiques (1), à ces prétendues sciences qu'elle-même a distinguées des sciences véritables, en ne leur donnant pas comme à celles-ci l'épithète d'exactes (c'eût été trop fort!), sciences qui comptent autant de sentiments qu'il y a de têtes qui les professent; qui n'ont rien posé de net, de précis; rien découvert encore de réellement bon, d'évidemment utile; qui tournent indéfiniment dans des cercles vicieux dont elles ne songent pas à sortir.

En comparant ce qui se passe dans ces fausses sciences avec la marche sûre et progressive des sciences véritables, il est aisé de reconnaître que si la raison a été consultée quant à celles-ci, elle est absolument étrangère à la constitution de celles-là.

Les hommes des sciences philosophiques confessent d'ailleurs implicitement leur ignorance, puisqu'ils

____

(1) Par *études philosophiques*, l'Ecole entend quatre sciences : politique, économie politique, métaphysique, morale. On ne doit pas oublier cette explication.

avouent que dans cet ordre d'idées la certitude mathématique ne peut exister.

Comme s'il pouvait y avoir deux certitudes : une certitude qui rendrait certain et une certitude qui permettrait de douter. Comme s'il était une évidence autre que l'évidence !

C'est qu'ils ignorent, et ne veulent pas l'avouer. Mais la raison est douée d'une telle rectitude qu'elle les force à convenir qu'ils ne sont pas absolument certains de leur savoir.

Sur quoi s'appuieraient-ils pour démontrer que l'évidence ne peut exister dans les sciences philosophiques, puisqu'on y trouve des axiomes aussi précis que les principes mathématiques les plus clairs.

Toutes circonstances égales d'ailleurs, si, dans le même temps et avec la même perfection, deux ouvriers ont fait la même quantité d'ouvrage, ils doivent être également rétribués : voilà un principe de *justice* aussi évident pour tous qu'il est évident que deux ajoutés à deux donnent quatre.

Pour soutenir cette impossibilité d'introduire la rigueur des démonstrations mathématiques dans les sciences philosophiques, impossibilité qui les met à l'aise, que peuvent-ils dire si ce n'est qu'on n'y parviendra pas *parce qu'on n'y est pas encore parvenu ?*

Ce raisonnement eût pu servir contre l'invention de

toute science; il a dû être employé particulièrement contre la prétention de savoir ce qui se passe au lieu où gravitent les astres, parce qu'on ne peut s'y transporter corporellement.

Cependant la loi du mouvement des corps célestes est aujourd'hui connue : et Dieu, qui nous a permis de fonder cette science, dont, à la rigueur, nous eussions pu nous passer encore, eût été bien inconséquent s'il nous avait interdit la connaissance de la loi du mouvement social, qui nous importe bien autrement.

Sous le mot raison, nous comprenons donc la *conscience*, qui n'est autre chose que la raison s'exerçant dans l'ordre moral.

Devant servir à tous, les vérités morales essentielles sont non plus évidentes, mais plus à la portée des esprits ordinaires que les vérités de l'ordre matériel. Dans cette sphère, si l'homme a souvent et grossièrement erré, c'est qu'il l'a voulu absolument.

Cherchons un exemple de cet égarement pour ainsi dire volontaire. Près du berceau d'un enfant, demandons-nous si l'être innocent qui nous sourit, par un concours quelconque de circonstances, peut avoir à répondre *justement* d'actes accomplis par d'autres, s'il peut être *légitime* d'appeler sur sa tête l'infamie et les supplices.

La question posée en ces termes, nous répondrons

unanimement par la négative, parce que, quand la conscience voit clairement, elle parle à tous d'une seule manière et avec une précision qui ne permet pas d'errer.

Mais si nous refusons d'écouter sa voix, si nous spécialisons la question pour mettre en jeu nos passions dévoyées, l'orgueil de caste, le fanatisme du sectaire, etc., résolus d'avance à faire plier nos convictions aux exigences d'une idée, d'un système préconçu, nous nous égarerons certainement.

C'est ainsi que les hommes ont pu poursuivre les enfants pour les fautes des pères ; c'est ainsi qu'ils ont osé même prendre Dieu pour complice de leur iniquité, en l'accusant d'une aveugle colère contre des êtres que son souffle venait à peine d'animer.

Et la conscience n'a jamais été pour rien dans ces égarements, contre lesquels elle se révoltait, puisque les hommes ont dû la récuser en prétendant que la justice du ciel n'a pas de rapports avec la justice de la terre.

Prescrire de reconnaître bon ce que la raison trouve injuste ou ridicule, sous prétexte que l'homme ne peut juger des volontés de Dieu, est une malheureuse prétention qui tendrait à abrutir l'espèce humaine. Ce que l'homme ne comprend pas de la création, il sait qu'il ne le comprend pas ; mais ce qu'il reconnaît mauvais, *il le comprend puisqu'il le juge*, et il le juge sainement puisque c'est Dieu qui lui a donné la conscience dont émane ce jugement.

S'ils devaient se défier ainsi de leur raison, pourquoi les hommes auraient-ils rejeté le fétichisme, l'idolâtrie, le paganisme, etc. S'ils ont avancé dans la connaissance de Dieu, n'est-ce pas parce qu'ils ont appelé à leur sens moral des grossières notions dont ils avaient hérité. N'est-ce pas parce qu'ils ont compris que les divinités offertes à leurs adorations ne méritaient pas leur encens.

Ainsi lorsque l'intelligence a su voir, la raison (la conscience dans l'ordre moral), sait toujours distinguer le vrai du faux, et lorsqu'elle n'a pas vu, la raison nous apprend très-positivement que nous ne savons pas.

Lors même qu'elle sert seulement à nous faire reconnaître notre ignorance, la raison nous rend déjà un immense service ; car si nous avions la bonne foi d'avouer nos doutes, nous cesserions de nous quereller sur des choses également fausses, et, cherchant de concert la vérité, qui a pour caractère de produire l'accord, nous ne tarderions pas à la découvrir.

Nous disons que les hommes sont divisés parce que leurs idées sont également fausses ; cependant nous savons que chaque opinion peut exprimer une face de la vérité, car la vérité a plusieurs aspects, bien qu'elle soit une.

Mais la vérité considérée sous une seule face n'est pas la vérité, c'est encore l'erreur.

Ainsi deux astronomes ayant entrevu chacun une partie de la vérité sur l'attraction matérielle, l'un dira que cette attraction agit *en raison inverse des carrés des distances*, l'autre soutiendra qu'elle agit *en raison directe des masses*.

Et quoique possédant l'un et l'autre une face de la vérité, ils mentiront tous les deux ; car l'attraction n'agit pas en raison directe des masses, elle n'agit pas en raison inverse des carrés des distances, elle agit en même temps en *raison directe des masses et inverse des carrés des distances*.

Voilà toute la vérité, il n'y a pas d'autre vérité. Les astronomes, avec leurs erreurs composées de demi-vérités, eussent été éternellement en désunion ; ils s'accorderont immédiatement dès qu'ils auront reconnu le vrai dans son entier.

Pour nous, comme on le voit, la vérité est absolue.

N'est-ce pas en effet une étrange conception que celle d'une vérité changeant avec le temps et les lieux, d'une vérité d'aujourd'hui qui sera mensonge demain ?

L'erreur a mille formes ; elle peut varier, reculer ou avancer de plus en plus vers le vrai ; mais la vérité est immuable.

Une vérité découverte est un point irrévocablement fixé dans le champ des connaissances humaines. Ce point peut donner de nouvelles bases d'où l'on partira, comme des lignes d'un réseau trigonométrique, pour déterminer de nouveaux points, découvrir de nouvelles vérités.

Le progrès consiste donc à approcher des vérités tant qu'elles ne sont pas découvertes, à découvrir ces vérités, à marcher des vérités trouvées aux vérités encore inconnues. Il se montre encore dans la manière plus ou moins heureuse avec laquelle on applique les vérités théoriques aux relations humaines, à l'organisation des sociétés, aux travaux des arts, de l'industrie, etc. Tout autre progrès n'est qu'une illusion.

Nous avons dit qu'il ne pouvait y avoir qu'une certitude, celle qui ne permettait pas de douter. Nous donnerons quelque développement à cette pensée.

La certitude ainsi définie peut être nommée *certitude directe.* Pour y parvenir, il faut avoir vu soi-même avec les yeux du corps ou avec les yeux de l'esprit.

L'Humanité doit élever toutes ses connaissances à la certitude directe ; mais aucun de ses membres n'est appelé à s'occuper individuellement de toutes choses et ne peut parvenir à ce degré de certitude sur tous les points.

Cependant, sans faire une étude spéciale de certaines branches des sciences, on peut s'y intéresser plus ou moins, connaître les résultats obtenus, et les admettre sans avoir cherché à voir par soi-même, mais parce que d'autres ont vu et que l'on a confiance en eux.

Cette conviction d'une chose sur laquelle la raison n'a été consultée qu'indirectement, est une *certitude indirecte :* elle repose sur autrui, tandis que la certitude directe a sa source en nous-mêmes.

Aussi la certitude indirecte chancellerait si la chose annoncée par les uns était démentie par d'autres. Mais la certitude directe, inébranlablement assise sur le propre témoignage de notre esprit ou de nos sens, résisterait aux dénégations de l'univers entier.

Nous n'avons pas à nous occuper de la certitude indirecte, qui vient de la foi, indépendamment du raisonnement. Pour qu'elle naisse, il faut seulement être cru, lorsqu'on affirme avoir vu, et sans chercher à faire voir aux autres.

Après avoir lu ce qui précède, plusieurs penseront que, pour démontrer que la raison est infaillible, nous nous sommes contentés de l'affirmer. Résumons-nous pour mettre en saillie notre argumentation :

Oui, nous avons affirmé que la raison est infaillible. Regardons cette affirmation comme une hypothèse.

Les hommes ont suspecté la raison parce qu'ils ont

reconnu qu'ils étaient exposés à l'erreur ; évidemment, s'ils ne se trompaient jamais, ils ne mettraient pas en doute la rectitude de leur jugement.

Mais nous avons fait voir que toutes les erreurs des hommes pouvaient se concilier avec l'hypothèse d'une raison infaillible.

Il faut donc choisir entre deux suppositions qui, si elles rendent compte des faits avec une même facilité, sont loin de s'accorder également bien avec la pensée qu'elles expriment une loi émanant de l'intelligence infinie.

L'hypothèse d'une raison fausse oblige à admettre que le Créateur se plaît dans le mensonge, puisqu'il aurait négligé de donner à l'homme un moyen sûr pour reconnaître et pratiquer le vrai.

Tandis que l'hypothèse opposée rejette sur l'homme seul les erreurs dont il souffre et qu'il peut éviter s'il veut se servir du guide infaillible que Dieu lui a donné pour boussole (1).

A moins qu'on n'ait condamné la Providence de prime abord et sans appel, il n'y a pas à hésiter entre les deux

---

(1) Sans doute celui qui a posé ou accepté une erreur prétendait bien que cette erreur allait à sa raison. Mais, encore une fois, il sentait que cette erreur n'avait pas pour lui l'évidence d'une vérité mathématique. Il doutait donc de sa raison, il en bornait l'usage : car, s'il avait admis qu'elle devait agir sur tous les points avec une égale puissance, il n'aurait présenté son erreur que sous forme dubitative ; il aurait provoqué les recherches qui devaient conduire

suppositions, puisque, nous le répétons, si toutes deux expliquent les faits, l'une doit être écartée comme injurieuse au Créateur.

L'homme, avons-nous dit, est doué d'une raison qui ne le trompe jamais lorsqu'il la consulte avec bonne foi, sans chercher à faire parade d'un faux savoir dont au fond il reconnaît la vanité.

Mais, dira-t-on, l'homme peut-il tout voir, tout connaître, tout juger?

Ceci est une question indépendante du sujet qui nous occupe, car quelque étroite que soit l'intelligence, quelque rétrécie que soit la sphère où elle peut agir, la raison sera également droite dès qu'elle nous fera distinguer avec certitude ce que nous savons de ce que nous ne savons pas.

Quant aux limites que l'intelligence ne peut franchir, nous en dirons un mot.

Dans l'ordre matériel, la nature montre partout une haute sagesse, une suprême économie. Dans le règne organique, par exemple, pas un muscle, pas un vaisseau qui n'ait son but et sa raison d'être, qui puisse

à cette certitude complète qu'il aurait cru possible d'atteindre. Mais l'homme a voulu affirmer avant de savoir, et, comme la vérité seule peut concilier tous les esprits, il a soulevé les oppositions qui l'ont passionné pour ses croyances empiriques, qui l'ont attaché au mensonge par tous les efforts qu'il faisait pour le soutenir, comme si chaque combat eût été une démonstration.

être remplacé par un organe plus simple ou remplissant mieux le même objet.

C'est ce que les hommes ne peuvent nier, parce qu'ils le voient avec les yeux du corps.

Ainsi lorsqu'un anatomiste rencontre un organe dont le but ne le frappe pas d'abord, il ne tranche pas la difficulté en disant, comme un philosophe dit des passions : Ceci ne sert à rien, cela est à retrancher, à comprimer. Mais il cherche et il trouvera, parce qu'il sait que tout ce qui est a son utilité, sa nécessité, sa cause.

Si dans l'ordre philosophique les hommes montraient la même réserve, la même défiance d'eux-mêmes, la même foi dans la puissance qui crée et organise, ils comprendraient qu'un désir sans but à atteindre, sans satisfaction possible, serait dans la création un rouage qui la compliquerait oiseusement et la rendrait imparfaite, car tout marcherait aussi bien et mieux si ce rouage n'était pas.

Dès lors la question posée serait ainsi résolue :

L'intelligence humaine doit pouvoir comprendre tout ce qu'elle sent le désir et le besoin de comprendre.

Il y a dans l'*infini* (1) cependant, dans l'infiniment

____

(1) Les métaphysiciens ont singulièrement abusé des mots. Confondant dans un même sens l'*absolu* et l'*infini*, ils ont condamné

grand comme dans l'infiniment petit, quelque chose qui dépasse la portée d'une intelligence finie. Ainsi s'il nous répugne d'admettre que le temps ait commencé, que l'espace ait des limites, si nous sentons bien que l'espace et le temps sont sans bornes, ces vérités présentent cependant une face qui échappe à notre perception. Ici même pourtant, le doute ne nous est pas possible, nous avons à choisir entre l'incompréhensible et l'absurde, et nous devons conclure que l'incompréhensible est le vrai. D'ailleurs, les questions de cet ordre

l'homme à n'arriver jamais qu'à des vérités relatives, prétendant que la vérité absolue n'appartient qu'à Dieu. C'est l'*infini* qui est l'essence de Dieu, c'est la vérité infinie qui ne se trouve qu'en lui. Mais la vérité infinie est comme une formule générale qui contient toute vérité et se résout en formules de plus en plus restreintes et qui tombent enfin dans le domaine intellectuel de l'homme.

De ce qu'il y a des formules plus générales qui embrassent un plus grand nombre de cas particuliers, il ne s'ensuit pas que la formule qui résout isolément un de ces cas n'est pas parfaitement juste.

Ainsi l'arithmétique donne les solutions particulières de plusieurs problèmes, et ces solutions sont bonnes absolument et ne reçoivent aucune atteinte de la formule algébrique qui résout tous ces problèmes à la fois.

La pensée que l'homme ne peut arriver à rien d'absolu tient encore à une confusion entre les idées théoriques et les choses de la pratique.

Les sens de l'homme étant imparfaits, il ne lui est pas donné d'atteindre à l'application parfaitement exacte des vérités qu'il découvre; ainsi, bien que connaissant parfaitement les propriétés du cercle, l'homme n'obtiendra jamais un cercle rigoureusement tracé.

Partant de ce que tout principe théorique doit être vérifié par l'expérience, et de ce qu'une expérience rigoureuse est à jamais impossible, on en a conclu que la certitude absolue nous échapperait toujours.

Mais si l'on doit vérifier tout principe théorique, nos sens et nos

ne peuvent nous tourmenter, leur solution importe peu
à notre bonheur: si nous ne nous rendons pas bien
compte des propriétés infinies de l'espace et du temps,
nous pouvons saisir et mesurer les éléments de l'espace
et du temps qui sont en rapport avec nous, et cette
puissance suffit à nos désirs et à nos besoins.

De même, Dieu, en sa qualité d'être infini, sort de la
sphère d'action de notre intelligence. Mais nous avons
besoin de connaître Dieu dans ses rapports avec nous,
de savoir ce qu'il attend de nous, ce qu'il nous destine;

instruments, tout imparfaits qu'ils sont, suffisent et au delà pour
cette vérification.

Ainsi, partant de la définition ordinaire du cercle et de ses lignes,
mon esprit parvient à concevoir avec lucidité que tout angle à la circonférence sous-tendu par un diamètre est un angle droit.

Si j'ai fait le premier cette découverte, craignant que mon esprit
ne se soit égaré dans sa route, qu'il n'ait omis quelque point, qu'il
ne se soit fait quelque illusion, je m'empresserai de vérifier : traçant
donc des cercles, des diamètres, des angles à la circonférence, et
trouvant toujours que ces angles sont droits, après des vérifications
assez variées et assez multipliées, sans m'inquiéter des petites erreurs
tenant à l'imperfection de mes instruments, je serai certain, *abso-*
lument certain, que mon principe est vrai.

Les intelligences d'un ordre supérieur, les habitants des sphères
plus élevées, du Soleil par exemple, parviennent probablement à un
plus grand nombre de vérités et à des vérités plus générales. Mais
ce qui est vrai pour nous est vrai pour eux de la même manière.

S'il en était autrement, le même fait se reproduirait sur la Terre
où se trouvent des intelligences de diverses portées. Or, le contraire
a précisément lieu, et le plus grand mathématicien, s'il comprend
plus généralement les principes géométriques, s'il en possède un
plus grand nombre, ne peut contredire en rien les vérités élémentaires qu'emploie, dans sa pratique, le plus petit charpentier, le plus
humble tailleur de pierres.

et, sur ces points qui nous préoccupent sans cesse, nous ne pouvons être condamnés à une éternelle indécision.

Quelles précautions l'homme doit-il prendre pour n'être pas exposé à l'erreur, en faisant usage de sa raison?

Pour reconnaître la propriété physique d'un objet matériel, l'homme met cet objet en rapport avec ses sens.

Ordinairement il emploie la vue : mais la vue peut le tromper dans certaines circonstances, elle peut faire prendre, par exemple, l'image pour la réalité. L'homme ne peut donc pas s'en rapporter exclusivement à la vue, souvent il doit en appeler au témoignage d'un second sens. Ce second sens peut être le tact.

L'intelligence, pour s'assurer de l'existence d'une vérité, doit employer des précautions analogues; elle doit voir et toucher.

Pour l'intelligence, la vue c'est la synthèse, le tact c'est l'analyse.

Une hypothèse qui résiste à cette double expérience est incontestablement la vérité même.

Ainsi tous les phénomènes, tous les faits relatifs à un certain ordre de choses ont été groupés, et une supposition a été faite qui les explique avec facilité.

Cette supposition établit une *théorie*, mais on n'a pas encore la *science* (1).

L'hypothèse doit subir encore l'épreuve synthétique. Pour cela elle doit être présentée à la raison, examinée dans son essence, sans tenir compte des faits à expliquer, pour chercher si elle est juste, claire, évidente par elle-même.

Si l'hypothèse triomphe de cette épreuve composée, il n'y a plus seulement *théorie*, il y a *science* et science exacte.

On aura donc à examiner si les principes que nous allons émettre sont bien par eux-mêmes *adéquats* à l'intelligence, s'ils paraissent lucides *au premier aspect*. Il faudra chercher ensuite s'ils expliquent tous les phénomènes connus, tous les faits de la vie de l'Humanité.

Si nos principes ne fléchissent ni dans l'un ni dans l'autre cas, nous serons en droit d'affirmer que la doctrine de Fourier est une science, une science de même ordre que la science astronomique par exemple.

(1) Voir, pour la définition de la science, le discours prononcé à l'Hôtel-de-Ville par Victor Considerant.

CHAPITRE II.

DE DIEU ET DU MAL.

> Le véritable ennemi du genre humain,
> c'est l'erreur.   CONDORCET.

> *D.* Pourquoi Dieu vous a-t-il créé?
> *R.* Pour le connaitre, l'aimer, le servir,
> et par ce moyen obtenir la vie éter-
> nelle.   *Catéchisme.*

APRÈS avoir rétabli la raison dans la légitimité de sa puissance, consultons-la : demandons-lui hardiment ce que Dieu doit être, ce qu'il attend de l'homme, et comment il gouverne les créations [1]?

Ne nous effrayons pas de cette hardiesse. Si nous avons foi dans la Providence, nous sommes certains,

[1] Quelque matérialiste va peut-être s'arrêter dès ce chapitre, en disant que je pars de l'idée de Dieu, supposant ainsi ce qu'il faut démontrer d'abord. Qu'il fasse attention que j'établis simplement ce qui doit être, *si Dieu est*; j'aurai à prouver ensuite que tout a lieu en effet conformément à cette supposition, et Dieu sera démontré pour lui *à posteriori.*

en sondant ses décrets, d'admirer d'autant plus que nous comprendrons davantage. Ici la timidité serait une défiance injurieuse, elle indiquerait que nous craignons que Dieu ne soit embarrassé pour répondre à nos questions.

La raison nous dit évidemment que si l'homme a des devoirs à remplir envers Dieu, Dieu a des devoirs à remplir envers les créatures ; que Dieu ne peut donner l'existence pour le malheur de l'être qui la reçoit, parce qu'il est, à un degré infini, intelligent et bon! Cherchons donc, dans les œuvres de Dieu, l'empreinte de ses propriétés essentielles.

Intelligence infinie. Par conséquent les lois de Dieu sont immuables, car s'il y avait à les modifier, à en déranger l'action dans quelques circonstances données, on les concevrait plus intelligentes encore si elles avaient prévu et résolu même ces cas particuliers, ces exceptions. Elles donnent les plus grands effets par les plus petits moyens, sans quoi on pourrait imaginer pour le même résultat des lois plus simples, plus économiques et meilleures. Elles fonctionnent en parfaite harmonie et pour un seul but, parce que, dans l'œuvre, il ne peut y avoir contradiction et perte de force par l'effet de forces opposées.

Bonté infinie. Par conséquent toute loi, toute force de la nature, doit tendre au plus grand bien de tout ce qui est.

Il faut donc concevoir la création régie unitairement par des lois immuables, bonnes essentiellement pour les créatures de tous les degrés.

Ici surgit une première objection, une objection capitale : Le mal existe! comment concilier le mal avec le caractère paternel du Créateur?

C'est cette question non résolue ou mal résolue qui a porté l'homme au doute, au scepticisme; c'est elle qui a fait les athées, les impies et les demi-croyants.

En effet, il s'agit en apparence de défendre une contradiction, de soutenir un paradoxe. Il faut montrer que le mal peut être dans un milieu régi par des lois qui n'apportent que le bien.

Cependant la réponse est facile, la solution est simple, puisqu'il suffit d'observer un fait qui se reproduit chaque jour sous nos yeux.

Un ingénieur a construit une machine sagement calculée pour les résultats à obtenir.

Un ignorant, sans rien comprendre au mécanisme de la machine, se charge étourdiment de la diriger. S'il ne peut en tirer parti, s'il s'embarrasse dans les rouages, s'il se blesse, s'il se tue, rendra-t-on l'ingénieur responsable de ce malheur?

Etait-il donc possible de construire une machine fonctionnant également bien de quelque manière qu'elle fût conduite, donnant de bons résultats lors même que l'on ferait des efforts pour en obtenir de mauvais?

Cette impossibilité n'existe-t-elle pas pour Dieu même, le grand ingénieur de l'Univers?

Dieu a tout préparé pour le bien, mais il faut étudier le jeu de son œuvre admirable pour découvrir l'art d'en tirer parti.

Si l'homme, refusant de faire usage de la raison dont il a été doué, se heurte maladroitement aux forces motrices de la création, s'il est brisé dans cette lutte insensée, la faute est à lui seul [1].

Car l'homme peut comprendre, s'il veut observer ; et quand il a compris, il cesse de souffrir. LE MAL, C'EST L'IGNORANCE. Avec la science, le mal disparaît.

Ainsi une loi naturelle préside au mouvement du calorique, à la combustion des corps. Cette loi est toute favorable à l'homme, qui en profite de cent manières, dans sa maison et dans ses ateliers, pour ses besoins domestiques et pour ses travaux industriels.

Cependant, dans l'origine, le premier qui s'est trouvé en face d'un corps enflammé a pu se brûler,

---

[1] L'Humanité peut découvrir la science et sortir du mal avec plus ou moins de rapidité. Cependant, comme elle naît dans l'ignorance, comme les sciences demandent un certain temps pour se développer, il y a des douleurs qu'elle ne peut éviter dans son premier âge. C'est une question que nous devons examiner plus loin.

souffrir et maudire ce nouvel élément, parce qu'il ne connaissait pas l'art de le dompter, de le transformer en fidèle serviteur.

Il faut comprendre que le monde moral est dirigé par des lois aussi positives que les lois du monde matériel. Ainsi le mouvement social a lieu, parce qu'il y a des penchants au cœur de l'homme, et la loi du mouvement social, conséquence de ces penchants, émane directement de Dieu, qui a fait l'homme ce qu'il est.

Les penchants de l'homme, comme les forces naturelles, ne peuvent produire le bien qu'autant qu'ils agissent dans un milieu convenable. En dehors de ce milieu, ces penchants sont funestes, comme le feu employé hors des appareils préparés par la science pour en recevoir l'action.

Tenter de modifier les penchants de l'homme parce qu'ils produisent le mal, c'est résister à une loi naturelle, c'est vouloir l'impossible. Engager l'homme à étouffer ces penchants, c'est prescrire d'éteindre le feu, de renoncer à son usage, parce que le feu peut produire des désastres.

La tâche de l'homme est d'étudier ses penchants pour en conclure une forme sociale dans laquelle ils donneraient de bons résultats. Cette forme sociale est nécessairement possible ; c'est celle que Dieu avait en vue lorsqu'il organisait l'homme, car on ne peut admettre que Dieu, en créant l'homme, agissait au hasard, qu'il lui donnait des penchants et des facultés dont il ne prévoyait pas l'usage. On peut admettre encore moins que Dieu a sciemment organisé l'homme pour le mal, en lui donnant des penchants inapplicables au bien.

Dans l'origine, l'homme a été placé sur la Terre, ignorant, désarmé, mais doué d'intelligence. Dans cet âge de faiblesse, la race humaine eût été anéantie par le moindre effort hostile du milieu où elle se développait. Elle a donc dû se trouver dans les circonstances les plus favorables, sur un sol vierge et fécond, dans un climat tempéré, loin des animaux redoutables, originaires des zones extrêmes. Là les hommes trouvaient en abondance et sans fatigue tout ce qui était nécessaire à leurs premiers besoins ; jeunes, beaux, vigoureux, exempts de maladies et de préjugés, ils jouissaient sans calcul de ce qui s'offrait à eux, ils étaient heureux, mais d'un bonheur simple comme leur esprit.

Le souvenir de cette première époque de la vie humaine s'est conservé partout : toutes les traditions parlent d'un Eden, d'un Paradis terrestre, d'un âge d'or. Mais le premier bonheur a été de courte durée : les populations se sont accrues, et avec elles les besoins de l'espèce ont rapidement augmenté. Bientôt il a fallu demander la satisfaction de ces besoins au travail et à

un travail pénible, parce qu'il était inintelligent. Cette
nécessité du travail a été la première douleur ; elle a
porté le fort à opprimer le faible, elle a rompu l'harmonie, et décidé la guerre. L'homme était tombé. Il
ne devait plus rentrer dans le Paradis terrestre, il
devait renoncer au bonheur primitif et simple ! Il ne
pouvait plus se relever que par la science et pour un
bonheur composé !

Après la chute, l'homme vivant de chasse, de pêche,
des produits bruts de la nature, était à l'*état sauvage ;*
l'art d'élever les troupeaux a fait naître le *Patriarcat ;*
la culture et l'industrie imposées aux esclaves ont
engendré la *Barbarie ;* enfin la *Civilisation* s'est développée par la grande culture, la haute industrie, par
les progrès des sciences et des arts. Pour sortir de la
Civilisation (1) et passer à une période plus avancée et

(1) On voit que pour Fourier les mots *Édénisme, Sauvagerie,
Patriarcat, Barbarie, Civilisation*, désignent les périodes déjà connues de la vie de l'Humanité. A ces premières périodes il doit en
succéder d'autres, et parmi celles-ci la période d'*Harmonie* dont
Fourier expose le mécanisme et demande l'organisation immédiate.
Par quelle raison prétendre que l'homme ne doit jamais franchir
la Civilisation quand il a franchi déjà les phases antérieures ?

Dans le langage de l'École, les mots *Progrès* et *Civilisation* ne
sont donc pas synonymes. Les Sauvages, les Patriarcaux, les Barbares, progressent en se civilisant, mais les Civilisés ne peuvent
progresser qu'en sortant de la Civilisation. Aujourd'hui, tout mouvement qui n'est pas dans ce sens est une rétrogradation.

Aujourd'hui, parce que chaque période de la vie de l'Humanité
se subdivise en phases successives : *enfance, jeunesse, virilité,
maturité, vieillesse,* et que nous entrons en phase de vieillesse qui

plus heureuse, l'homme doit créer la science de l'Association; de l'Industrie combinée et unitaire. Ainsi

a pour caractère pivotal *féodalité commerciale*. Toutes les phases de la Civilisation sont donc franchies, et pour échapper à la dernière phase grosse de dangers et de honte, il faut sortir de la Civilisation.

La période qui succéderait naturellement à la Civilisation est le *Garantisme*, dont notre Civilisation porte déjà plusieurs germes : *postes, monnaies, assurances, caisses d'épargne*, etc. Mais l'établissement du Garantisme est long et difficile, il veut des mesures générales et l'intervention du gouvernement.

C'est pourquoi Fourier insiste sur la constitution d'une période plus avancée et qui donnerait d'ailleurs des fruits bien plus savoureux, de la huitième période; cette période d'Harmonie peut s'essayer en petit, avec ou sans le concours de l'autorité, parce qu'elle repose sur l'organisation du travail dans la commune, et qu'un essai dans une seule commune sera parfaitement concluant.

Ainsi, Fourier ne prétend pas avoir inventé une forme sociale : il a cherché, dans l'étude de l'homme, la loi du mouvement social, analysé les caractères des périodes déjà parcourues, calculé les formes des périodes à venir. Puis il a montré comment il serait possible d'aller par le plus court chemin, en évitant les douleurs et les convulsions de la Civilisation à l'agonie, à l'une des périodes dont il expose le mécanisme.

« Qu'on ne vienne donc pas dire, » écrit le docteur Pellarin dans l'intéressant ouvrage qu'il vient de publier sur la vie de Fourier, « que Fourier défend, prescrit, impose de son autorité privée « quoi que ce soit. Fourier n'est ni un législateur, ni un fonda- « teur de religion. Il n'y a, d'après Fourier, qu'un législateur, CELUI « qui distribue aux êtres les Attractions. Pour lui, il est tout simple- « ment un savant qui se pose devant la nature humaine en obser- « vateur impartial, et qui lit dans cette œuvre admirable de Dieu, « œuvre méconnue, diffamée, dans laquelle c'est Dieu lui-même, « son auteur, que l'on méconnaît et diffame. »

La formule générale d'un mouvement social est une des parties les plus intéressantes des écrits de Fourier. (Voir pour ce canevas historique de la vie de l'Humanité, d'une Humanité quelconque, les livres du Maître ou l'ouvrage de Just Muiron, *Transactions sociales, religieuses et scientifiques.*)

c'est à la science que l'Humanité doit tous les pas qu'elle a faits dans sa carrière, c'est à la science encore qu'elle devra son salut.

Toujours l'homme doit observer, mesurer, comparer pour comprendre la nature, en d'autres termes pour *connaître Dieu*; car connaître Dieu, c'est connaître les lois par lesquelles il gouverne; pour *aimer Dieu*, quand l'homme aura reconnu que ces lois lui apportent tous les biens qu'il désire; pour *servir Dieu* en accomplissant ses lois, en renonçant à de vains efforts pour leur résister.

Dieu est-il bien lavé de l'accusation d'être l'auteur du mal? Ne pouvait-il prévenir le mal d'une manière absolue? N'était-il pas digne de sa bonté de révéler à l'homme, dès l'origine, toutes les sciences qui devaient le conduire au bonheur?

Remarquons d'abord que toutes les connaissances humaines sont liées et doivent marcher parallèlement; que si l'une d'elles devançait les autres au delà d'un certain terme, cet excès de science serait sans utilité: Ainsi Dieu eût révélé à l'homme l'art de l'Association, sans lui rendre aucun service, s'il ne lui eût fait connaître en même temps ces secrets de la nature que l'industrie emploie pour créer la richesse; car, sans la richesse et le luxe, l'Harmonie ne peut exister.

Pour prévenir le mal, Dieu eût donc dû révéler à

l'homme toutes les sciences, et même, avec ces sciences
l'homme eût eu à franchir une période de douleur plus
ou moins longue pendant laquelle il eût fabriqué les
instruments, usines, établissements, qui lui étaient nécessaires. Dieu eût donc dû façonner lui-même toutes
ces choses, les remettre à l'homme et lui indiquer la
manière de s'en servir.

Remarquons que Dieu nous ayant appris et donné
ce dont nous aurions strictement besoin pour ne pas
souffrir, on pourrait prétendre que Dieu eût été meilleur encore s'il nous avait découvert un plus grand
nombre de choses pour nous assurer un bonheur plus
complet.

Ainsi l'objection bien comprise et suivie dans toutes
ses conséquences est celle-ci : Pourquoi Dieu ne nous
a-t-il pas tout appris, pourquoi ne nous a-t-il pas
créés dans la plénitude de la richesse, du savoir et du
bonheur?

Ce que nous demanderions ainsi pour nous, Dieu
l'a fait pour d'autres créatures, voyons si ces créatures
sont des êtres privilégiés.

Ces créatures, qui savent tout en naissant, qui n'ont
pas d'enfance collective, qui reçoivent directement de
Dieu la science dont elles ont besoin, qui marchent
dans leur voie sans se tromper jamais, munies par la
nature des instruments qui leur sont nécessaires, in-

struites par elle à s'en servir dans la perfection, ces créatures vivent autour de nous, ce sont les animaux et spécialement les animaux comme les abeilles, qui forment des sociétés.

Ainsi, ce qu'on reproche à Dieu de n'avoir pas fait pour l'homme, réduirait l'homme à l'état d'animal. Si l'homme n'avait pas à comprendre par l'observation, s'il savait tout en naissant, s'il ne pouvait errer, il aurait pour se conduire un seul guide, l'*instinct;* mais il n'aurait pas la raison, car à quoi l'emploierait-il ? Il n'aurait rien à apprendre, rien à conclure, rien à décider, et Dieu ne l'aurait pas doué de la raison dont il n'aurait que faire, parce que Dieu est économe de ressorts et que rien d'inutile ne vient de lui.

Alors, il est vrai, les hommes seraient heureux à la manière des animaux qui vivent dans les circonstances les plus favorables à leur nature : alors les générations s'écouleraient dans un état de bonheur toujours uniforme, toujours égal, sans progrès et sans déclin.

Mais ce bonheur est-il comparable à celui auquel l'homme peut prétendre parce qu'il est, *à l'image de Dieu,* doué de la raison ?

Les travaux de son intelligence payés par la satisfaction de son amour-propre, par la conscience de sa valeur; les jouissances variées dues à la différence des caractères; le désir du triomphe qui, dans l'avenir, ne sera jamais qu'une noble émulation; cet amour de la gloire qu'il ne craint pas d'acheter, aux époques sub-versives, par les travaux les plus antipathiques à sa nature, par des travaux de guerre, de carnage et de dévastation : toutes ces jouissances et mille autres qu'il ne peut posséder que par la raison, ne seraient plus pour lui.

Certes, si l'homme pouvait choisir entre un bonheur médiocre, indéfiniment uniforme, et un bonheur plus complet, plus varié, mais acheté par quelques peines, il n'hésiterait pas. Ce qui le prouve, c'est que chaque jour il abandonne le coin du feu, où il pouvait passer une soirée tranquille employée à des choses agréables, pour courir à un plaisir plus vif, quoique les préparatifs, le déplacement, le trajet, puissent être fastidieux et fatigants.

Ainsi, sans aucun doute, l'homme est un être privilégié, parce qu'il est obligé de travailler lui-même à se rendre heureux.

Et, encore une fois, qu'on ne demande pas pour l'homme la raison avec l'infaillibilité de l'instinct. Si l'on réfléchit à ce qui fait la différence entre ces choses, on sentira que ce désir est le désir d'une antinomie, d'une impossibilité, d'un contre-sens.

On dira peut-être encore que les époques d'ignorance et de subversion ont été bien longues en durée : mais le mot *durée* n'a qu'un sens relatif; si la durée des époques heureuses s'allonge dans une même proportion, l'homme, dont la destinée dépend du rapport entre ces deux périodes, doit se féliciter et remercier Dieu du sort qu'il lui a fait.

Dans ce qui précède, nous avons considéré l'Humanité comme un seul être qui devait atteindre tôt ou tard à un bonheur capable de le dédommager largement de quelques souffrances passagères. Mais l'Humanité se décompose en individus, et peu importe à ceux qui ont existé dans la période douloureuse, ce qui adviendra aux générations de l'avenir. Plus ce bonheur auquel l'espèce peut prétendre sera grand, plus ceux qui ont vécu sont en droit de se plaindre et d'accuser Dieu de partialité. Et nous n'admettons pas cette réponse que Dieu ne voit que l'ensemble : il doit se montrer bon et juste pour l'individu comme pour la masse, pour les parties comme pour le tout.

Cette dernière objection est pleinement fondée ; la doctrine de Fourier manquerait par la base si elle ne l'avait résolue. Mais nous ferons voir que Dieu, sans rien changer à ses lois immuables, est juste envers tous ; qu'il réserve à chacun, *même dans la vie terrestre*, une somme équivalente de bonheur. Nous le ferons voir, dans la seconde partie de cet ouvrage, lorsque nous traiterons de l'immortalité de l'âme et de la vie future.

LIVRE SECOND.

UNITÉ DE L'HOMME AVEC LUI-MÊME :

PREMIÈRE SECTION.

CHAPITRE III.

> ..... Quiconque connaîtra l'homme, verra que
> c'est un ouvrage de grand dessein, qui ne pou-
> vait être ni conçu, ni exécuté que par une sa-
> gesse profonde.   BOSSUET.
>
> Dans la passion envisagée comme elle doit l'être,
> on trouve la véritable cause des actes les plus
> sublimes aussi bien que des actions vulgaires,
> ou basses et infâmes. Qui ne voit, en effet,
> qu'elle est le ressort des vertus même les plus
> ascétiques, qui sont, en définitive, pratiquées
> en vue d'un bonheur plus ou moins éloigné ?
> L'exercice de la pensée elle-même n'a pas d'autre
> motif, comme l'exprime cette belle parole de
> saint Augustin : *Nulla est homini causa philo-*
> *sophandi nisi ut beatus sit.* « Tous les hommes,
> dit avec raison Pascal, désirent être heureux ;
> cela sans exception. La volonté ne fait jamais
> la moindre démarche que vers cet objet (le bon-
> heur). » En d'autres termes : tous les hommes
> se déterminent par des motifs passionnés, et ont
> en tout et toujours la *passion*, une passion quel-
> conque pour mobile.
>
> *Fourier*, par CH. PELLARIN, D.-M.

CETTE vérité que Dieu, en organisant un être, prévoyait un emploi utile des facultés et des penchants
qu'il lui donnait, est tellement limpide qu'il faut toute
cette atmosphère de préjugés qui obscurcissent l'in-

telligence de l'homme, pour qu'elle ne soit pas admise à *priori*.

Il y aurait donc une forme sociale possible où les penchants de l'homme produiraient autant de bien qu'ils produisent de mal dans la Société présente, si maladroitement disposée pour leur jeu.

Dans la Société à découvrir, la raison et la passion seraient en parfait accord ; devoir et plaisir n'auraient qu'un même sens ; là, sans inconvénient et sans calcul, l'homme suivrait sa pente ; là, n'écoutant que l'Attraction, il n'agirait jamais par nécessité, il ne se courberait plus sous la contrainte ; là, par conséquent, il trouverait de l'attrait dans toutes ses fonctions.

L'homme, pour accomplir ses fonctions, doit développer ses facultés physiques et intellectuelles par l'action, par le travail, assurer la conservation de son espèce, pourvoir à l'entretien de son individu. N'est-il pas rationnel de penser que Dieu qui est un, qui a donné l'Attraction pour guide unique aux animaux, qui emploie encore l'Attraction pour entraîner l'homme à une partie des choses qu'il doit faire, *reproduction* et *nutrition*, n'a pas dérogé à une loi si sage, pour le malheur de notre espèce, en usant de moyens coërcitifs pour contraindre l'homme au travail.

L'Attraction est la loi générale. Ecrite au cœur de tous, elle révèle perpétuellement et unitairement la volonté de Dieu : elle est de tous les temps et de tous les lieux, et montre ainsi la sollicitude constante du Créateur pour tout ce qui émane de lui. Elle pousse chaque être dans sa voie, elle lui indique sa destinée ; incompressible, elle persiste toujours, malgré les préjugés et les prescriptions morales et légales [1].

En gouvernant par l'Attraction, Dieu était certain d'être obéi avec reconnaissance et bonheur. Si dans son premier âge, par ignorance, *une Humanité* [2] résiste à cette loi, elle est punie par le fait même, puisqu'elle souffre par ses Attractions lésées. Ce châtiment indirect est seul digne de la grandeur infinie : ce n'est pas Dieu qui frappe, c'est l'homme qui se frappe lui-même et

---

[1] *Toujours incompressible.....* Qu'on se rappelle ces ascétiques personnages qui fuyaient dans les déserts pour mieux combattre l'*Attraction*, nommée par eux *tentation*. Ils parvenaient peut-être à résister, mais ils ne tuaient pas l'Attraction. Pour l'affaiblir ils affaiblissaient leur corps, mais elle n'expirait qu'avec eux, ils l'exhalaient dans leur dernier soupir.

L'Attraction c'est la vie, c'est le ressort qui donne à l'homme volonté et puissance. Briser ce ressort, c'est tuer l'homme.

Ces malheureux, dans leur ignorance, accusaient l'Attraction qu'ils attribuaient à Satan. Ils ne voyaient pas que le mal est dans la forme sociale, dont les combinaisons sont vraiment sataniques, puisqu'elles transforment en boue l'or que Dieu nous a donné.

[2] *Une Humanité* : l'Humanité d'un Globe quelconque, l'espèce intelligente qui le peuple. Il est absurde d'admettre que Dieu ne gouverne que la Terre ; que notre planète microscopique porte seule à sa surface l'intelligence et la vie. C'est sur des Humanités, des Mondes, des Univers en nombre infini, que s'exerce l'infinie puissance, et toujours par l'Attraction qui peut seule se plier à toutes les natures sans cesser d'être identique avec elle-même, d'être une comme Dieu est un!... Dieu dont elle est la loi!...

qui trouve dans la douleur le salutaire avertissement qui doit le ramener au vrai.

Ainsi nous promettons aux hommes un milieu social où l'ordre naîtra du libre essor de leurs penchants. Mais qu'on ne vienne pas en conclure que nous engageons les hommes à s'abandonner à ces penchants dans le milieu social actuel. La contrainte est indispensable à ce milieu faux, la liberté lui est antipathique, elle n'y engendre que désordre et confusion.

Ainsi, tant que la forme sociale ne sera pas appropriée au jeu de nos penchants, il sera nécessaire de comprimer la majeure partie des forces humaines, d'établir de nombreux frottements seulement pour user la force de ces ressorts, ce qui vaut mieux encore que de leur permettre d'agir pour le mal.

Cette compression des penchants qui devraient créer richesse et joie, est une perte pour la Société, une douleur pour l'individu. Tous les hommes en souffrent plus ou moins, suivant leur position et les circonstances dans lesquelles ils vivent; mais ils souffrent sans aucune exception, ce qu'ils avouent lorsqu'ils disent que le bonheur complet n'est pas fait pour la Terre. C'est qu'il ne nous est pas donné d'être heureux les uns sans les autres, c'est que tous les membres de la grande famille sont liés en un seul faisceau, par une loi divine, LA SOLIDARITÉ.

La Solidarité est une chose juste et sainte. Le mal est venu, le mal s'éloignera par le concours de tous, concours proportionnel à la puissance de chacun. Il n'y a pas de crime individuel, de douleur privée, dont la Société ne soit complice : les actes de l'individu dépendent en grande partie des circonstances de vie qu'on l'a contraint d'accepter.

Nous reviendrons sur cette loi de Solidarité ; nous aurons à faire comprendre que les intérêts des hommes sont en tous points rigoureusement identiques.

Après avoir pressenti qu'il devait y avoir une forme sociale naturelle parfaitement convenante à l'homme que Dieu a fait, découvrir cette forme sociale est évidemment le plus pressant besoin de l'Humanité.

.Comment l'Humanité a-t-elle tardé autant à la trouver ? dira-t-on. Pourquoi n'a-t-elle pas encore cherché ? répondrons-nous.

Qui donc, avant Fourier, a songé à une forme sociale prévue par Dieu et réservée à l'homme ? Qui donc a compris qu'une telle Société n'avait rien d'arbitraire, qu'elle découlait rigoureusement de l'organisme humain ?

Ceux qui se sont donné mission de conduire les autres, gouvernants et politiques, sages et philosophes, ont tous agi comme s'ils avaient supposé que Dieu, ayant créé l'homme sans plan arrêté, sans vue fixe, à peu près au hasard, leur eût laissé le soin de corriger son œuvre pour la plier à toute forme sociale éclose dans leurs cerveaux. Ils ont donc déclaré mauvais tout ce qui, dans l'homme, dérangeait leurs plans arbitraires. Ils ont toujours attribué le mal à Dieu, faisant de vains efforts pour modifier l'homme dans l'espoir de le rendre *meilleur* que Dieu ne l'a fait.

Fourier seul a posé la question dans son droit sens. Seul il a pris l'homme pour donnée *invariable* du problème social; seul il a trouvé, parce que seul il a cherché.

Cherchant un milieu social en accord parfait avec la nature de l'homme, il avait besoin, pour point de départ, de connaître rigoureusement l'homme et ses penchants; il a donc fait cette étude qui doit nous occuper avant tout.

L'être humain est composé de trois principes :

1°. LES PASSIONS,   *Principe actif et moteur;*
2°. LE CORPS,   *Principe passif et mu;*
3°. L'INTELLIGENCE, *Principe neutre et régulateur.*

Le corps, en effet, se meut en suivant dans ses mouvements les règles dictées par l'intelligence, et agit harmoniquement avec elle pour obéir à la volonté, volonté qui ne peut naître que des désirs ou passions.

Par exemple, vous écrivez : cet acte ne peut s'exécuter sans le concours de vos facultés physiques et intellectuelles : mais vous écrivez, non parce que vous possédez ces facultés, mais parce que vous avez un désir à satisfaire en écrivant. Vous écrivez dans l'espoir de vous faire un nom dans les lettres ou dans les sciences : votre corps et votre intelligence se meuvent pour obéir à votre ambition, à votre désir de gloire ou de fortune. Vous écrivez à la femme que vous aimez : l'amour est la passion qui vous fait agir. Enfin vous écrivez la carte de votre dîner, et le moteur qui met en jeu vos facultés est le désir de satisfaire votre sens du goût, c'est la passion correspondant au goût.

Toute action libre de l'homme, tout emploi volontaire de son corps et de son intelligence, est de même déterminé par un désir. C'est ce désir, quel qu'il soit, que Fourier appelle PASSION. L'AME, le moi, le moteur, ne se manifestant que par les passions, peut être regardé comme leur somme. Si donc on fait l'analyse des passions, on aura analysé l'âme humaine, et l'on connaîtra d'elle tout ce qu'il est nécessaire de savoir quant à l'application, quant à son action sur nous, sur les autres, sur le milieu où nous vivons.

Ainsi Fourier donne au mot *passion* un sens nouveau, mais clairement défini ; ainsi il ne laisse aucun doute sur ce qu'il entend par le mot *âme*.

Il ne faut pas oublier cette définition du mot passion,

sur lequel les moralistes ne manquent jamais de s'abattre en le définissant autrement que Fourier, *comme s'ils en avaient le droit* quand ils veulent combattre les idées de Fourier. Ainsi, quand l'École dit qu'elle appelle passion tout ce qui porte l'homme à agir, *tous les mobiles* qui sont en lui, plusieurs répondent imperturbablement QU'IL Y A DANS L'HOMME D'AUTRES MOBILES ENCORE QUE LES PASSIONS!!!

L'observation offrant parmi les hommes des caractères variés presque indéfiniment, il semble, à première vue, qu'il y a dans l'homme un nombre de passions trop grand pour qu'il soit possible d'en faire l'analyse. Les couleurs aussi présentent des nuances illimitées en nombre; cependant toutes dépendent des sept couleurs du prisme. Il en est de même des passions, toutes se rattachent à quelques passions élémentaires qui se combinent entre elles avec des intensités différentes, et donnent ainsi tous les caractères.

A. Toutes les passions de l'homme se résument en un désir d'être heureux, en un vœu d'un bonheur général dont il aurait sa part. Cette proposition sera peut-être en partie contestée, parce que l'on voit chaque jour l'homme cherchant son bien-être propre, sa satisfaction personnelle aux dépens des autres, profitant du malheur d'autrui, frappant même ceux qui lui font obstacle. Mais ces faits ne donnent pas le droit de conclure que le mal d'autrui peut être en lui-même et d'une manière absolue une jouissance pour nous, puisque, pour les expliquer, il suffit d'admettre que, tout en souhaitant le bien pour tous, cependant nous nous préférons aux autres et nous voulons, *avant tout*, notre bien-être particulier. Ainsi le philanthrope le plus éclairé, le plus ardent ami de l'Humanité, peut, préférant sa nation aux autres nations, se réjouir des triomphes de sa patrie engagée dans une guerre, sans qu'on soit en droit d'en conclure qu'il aime, en eux-mêmes, le carnage et la dévastation.

Il faut reconnaître que si l'homme, ayant à opter entre son intérêt et celui de ses semblables, s'attaque aux intérêts opposés aux siens, c'est en étouffant ses sentiments naturels de commisération et de sympathie; et cet acte qu'il commet est une douleur qu'il s'impose, parce qu'elle est pour lui moins cruelle que la douleur personnelle qu'il évite. Si donc il voyait la possibilité de travailler efficacement et directement à son bien-être propre, en concourant au bien général, il entrerait dans cette voie avec d'autant plus d'ardeur; qu'ainsi il ne souffrirait dans aucun des sentiments humains qui sont en lui et qu'il ne peut déraciner sans souffrance. Nous sommes donc en droit de dire comme nous l'avons posé en commençant : *Les hommes désireraient marcher tous ensemble dans la route du bonheur, si cette route était assez large pour que tous pussent s'y engager sans s'entraver les uns les autres* (1).

Mais les hommes ne peuvent voir ce vœu satisfait tant qu'ils ont des intérêts en opposition. Ce vœu entraîne donc avec lui un besoin d'accord, d'harmonie entre les désirs de tous. .

En outre, si ce bonheur, fruit de l'harmonie, était

(1) Des exemples remarquables prouvent que le dévouement est naturel aux hommes lorsqu'ils sont unis par des intérêts identiques. Ainsi une armée (l'armée française, par exemple, à la campagne de Russie) est composée d'hommes unis par un désir commun d'ambition, de gloire et de patriotisme. Aussi, que l'une des fractions de ce grand corps soit compromise, toutes les autres s'émeuvent, tous se précipitent pour la protéger, même en donnant leur vie. Et ce dévouement de tous pour tous est général, chaque jour en fournit des exemples nouveaux.

Mais au retour de cette désastreuse campagne, toute tendance générale a disparu, tout lien est brisé entre ces soldats qui reculent. Ils ne sont plus animés par cet espoir de conquête et de triomphe qui les unissait, ils marchent dans le seul but d'atteindre individuellement un climat moins rigoureux, de retrouver du soleil et du pain. Alors chacun songe exclusivement à soi, chacun voit dans ses compagnons un rival qui lui dispute sa maigre pitance, sa place au foyer. Alors l'égoïsme se développe affreusement !...... Ce sont les mêmes hommes cependant qui, la veille, se sacrifiaient si généreusement les uns pour les autres ! Il n'y a de changé que cette tendance commune qui s'est évanouie par la défaite. Cependant encore, si l'ennemi se montre, s'il menace les fuyards, sa présence fait naître pour un instant un accord de désir et d'intérêt : le groupe disjoint se resserre, s'organise, le soldat retrouve son rang et chacun offre aux autres cette protection qu'il attend d'eux en retour.

Le dévouement est dans la nature humaine, il se montre dès qu'une opposition trop radicale d'intérêts n'est pas là pour l'étouffer. Quel incendie a manqué de travailleurs intrépides ?... A quel naufrage à portée des secours les braves de la côte ont-ils fait défaut ?...

réalisé sur la Terre, les hommes sentiraient le besoin de croire que jamais ils ne retomberont dans un état moins heureux. Il leur faudrait donc la certitude d'être appelés, après la mort, à un bonheur au moins égal à celui dont ici-bas ils auraient la jouissance. En un mot, aspirant à un bonheur sans fin, ils voudraient que la satisfaction de ce vœu fût écrite dans les lois divines régulatrices de leur sort. C'est donc par un désir d'harmonie entre tous les êtres, toutes les créations, tous les mondes et Dieu, qu'il faut traduire cette tendance à un bonheur universel qui résume les passions de tous.

Cette tendance, la seule qui soit au cœur de l'homme, puisqu'elle contient toutes les passions comme le blanc contient toutes les couleurs, a été nommée par Fourier TENDANCE A L'UNITÉ : UNITÉISME !

Si l'on ne connaissait de l'homme que cette passion d'Unité, tige de toutes les autres passions, on ne pourrait en induire qu'un vœu stérile d'harmonie, sans moyen de réalisation. Cette passion se décompose en d'autres qu'il faut trouver en pénétrant plus profondément dans le cœur humain.

L'homme désire le bonheur et craint la souffrance.

Il peut jouir et souffrir de trois manières seulement :

a. Indépendamment de ses rapports avec ses semblables, en lui-même ou dans son contact avec la nature ;

b. Dans ses rapports particuliers avec ceux de ses semblables qui ont un contact plus ou moins direct avec lui ;

c. Dans ses rapports généraux avec la Société.

Telles sont les trois sources d'où découlent le bien ou le mal ; les trois *foyers* d'où rayonnent le plaisir ou la douleur.

a. L'homme jouit ou souffre indépendamment de ses rapports avec ses semblables : 1°. en lui-même, suivant que sa santé est bonne ou mauvaise, sa constitution robuste ou débile ; 2°. dans son contact avec le milieu, suivant le degré de puissance qu'il possède pour faire plier ce milieu à sa volonté, pour se procurer les biens, objets de sa convoitise. L'homme désire donc la santé d'abord, et ensuite la richesse par laquelle il peut s'approprier les choses dont sa constitution l'incite à faire usage. Richesse et santé sont exprimées par le mot *luxe* dans le langage de Fourier : *luxe interne* ou santé, *luxe externe* ou richesse. La TENDANCE AU LUXE est la première des passions sous-foyères, le premier rameau de l'Unitéisme.

b. L'homme jouit ou souffre dans ses rapports particuliers avec ceux de ses semblables qu'il connaît, suivant qu'il peut ou non se réunir à ceux qu'il affectionne pour s'occuper avec eux des objets de leur commune sympathie ; suivant la facilité avec laquelle il se met en relation avec les uns et avec les autres, d'après la volonté, l'impulsion, le caprice du moment. L'homme a donc le désir de s'approcher de ses semblables, de former avec eux des réunions, des *groupes*, et la TENDANCE AUX GROUPES est la seconde ramification de l'Unitéisme.

c. L'homme jouit ou souffre dans ses rapports généraux avec la Société, suivant que cette Société favorise ou comprime *ses tendances au luxe* et *aux groupes*, et règle avec plus ou moins de bonheur les rapports de ces groupes entre eux. La forme sociale désirée devrait donc, acceptant comme éléments ces groupes librement formés, les rendre utiles et productifs, sans leur faire perdre de leur puissance d'Attraction, de manière à conduire à la santé et à la richesse tous ceux qui s'y seront librement enrôlés. Elle devrait déterminer le mode des rapports à établir entre les groupes, les classer, les coordonner, en un mot, les organiser en *séries*, les groupes tendant à former des séries comme les individus tendent à former des groupes. La TENDANCE AUX SÉRIES est donc la troisième subdivision primordiale de l'Unitéisme.

Ce second pas dans l'étude de l'homme, cette analyse des trois passions sous-foyères, nous apprend que l'harmonie, vœu de l'Unitéisme, ne peut naître que d'une organisation des hommes en séries de groupes ; que la Société doit présenter un vaste réseau sériaire offrant à chacun la faculté de se placer successivement et fructueusement pour lui, dans les groupes qui lui conviennent, près de ceux qu'il aime, et d'obéir ainsi au besoin actuel d'exercer telle ou telle faculté.

Mais quel sera le caractère de ces groupes et de ces séries? A quelle condition doivent-ils satisfaire? Nous allons le chercher en décomposant les passions sous-foyères comme nous avons décomposé l'Unitéisme.

a. Tendance au luxe. Rappelons-nous que le mot *luxe* comprend deux choses nécessaires l'une à l'autre, *santé* et *richesse*. Sans la santé l'homme est inhabile à jouir du bien qu'il peut se procurer par la richesse, sans la richesse il ne peut atteindre aux plaisirs auxquels il est prédisposé par la santé.

L'homme a cinq sens par lesquels il peut être affecté d'autant de manières différentes. De là cinq appétits sensuels, cinq rameaux de la passion *tendance au luxe.*

a.	*Passion de satisfaire*	LE GOUT.
b.	*Passion de satisfaire*	L'ODORAT.
c.	*Passion de satisfaire*	LA VUE.
d.	*Passion de satisfaire*	L'OUÏE.
e.	*Passion de satisfaire*	LE TACT.

Ce sont les seules passions de cet ordre ; nous les appelons SENSITIVES.

b. Tendance aux groupes. Une réunion, un groupe,

jouit de propriétés différentes suivant la cause qui a déterminé sa formation. Cette cause peut varier, parce qu'il y a des inégalités entre les hommes, et les inégalités à considérer, quant à la formation des groupes, ne sont que de trois espèces :

1°. Les hommes sont inégaux par le rang qu'ils occupent, rang qui est la conséquence de leur fortune, de leur talent, de leur valeur ;

2°. Ils diffèrent par le sexe ;

3°. Ils sont de diverses familles et diffèrent encore par la naissance, par le sang.

De là quatre espèces de groupes :

f. Groupe formé sans tenir compte d'aucune des inégalités naturelles, groupe où règnent la confusion et l'égalité des rangs, GROUPE D'AMITIÉ.

g. Groupe où les hommes, classés d'après leur rang, sont conduits par des supérieurs vers un but capable de satisfaire leur ambition. Réunion ambitieuse, GROUPE D'AMBITION.

h. Groupe formé par la tendance des individus différents par le sexe à s'aimer, à s'unir, GROUPE D'AMOUR.

i. Groupe formé sous l'influence du lien de parenté, réunion familiale d'individus, GROUPE DE FAMILLE.

Amitié, *ambition*, *amour* et *familisme*, ou lien de parenté, sont donc les quatre passions comprises dans la *tendance aux groupes*, les quatre passions qui tendent à rapprocher les hommes, à les réunir

affectueusement. Ce sont les seules PASSIONS AFFEC-
TIVES.

c. Tendance aux séries. Le lien entre les groupes
doit être formé par l'organisation sériaire qui les met en
rapport. Le rapport d'un groupe à un autre groupe ne
peut être qu'*hostile, ami* ou *indifférent.* Un homme
fonctionnant dans un groupe peut désirer le contact
d'un autre groupe par trois raisons :

j. Il cherche le contact des groupes *rivaux* avec
lesquels il veut se mesurer.

k. Il aime la présence des groupes *amis*, parce qu'ils
le soutiennent dans ses prétentions, et qu'il se plaît
à les soutenir de même.

l. Enfin la fatigue et l'ennui qu'il éprouverait s'il
s'occupait sans cesse des mêmes choses en face des
mêmes hommes, lui font sentir le besoin d'abandonner
momentanément le groupe qu'il avait choisi pour
passer dans un nouveau groupe *indifférent* aux prétentions générales du premier, mais vers lequel il se sent
entraîné *personnellement* par quelque Attraction.

Ainsi la *tendance aux séries* se décompose en trois
passions : passions de *rivalité,* d'*accord,* de *diversité.*

j. *Rivalité.* Cette passion est un besoin d'intrigue,
de lutte, de cabale, si naturel à l'homme que tous ses
jeux, de l'enfance à la vieillesse, ne sont qu'une lutte
entre plusieurs partis. Lorsque cette passion nous

anime, nous oublions la fatigue pour ne sentir qu'ardeur et plaisir. C'est une fougue, mais *une fougue réfléchie*, car celui qu'elle domine calcule ses actes de manière à ne perdre aucune chance de succès. Connue déjà par plusieurs de ses effets, cette passion a reçu différents noms suivant le rôle qu'elle a joué, d'après les circonstances où elle a paru. On l'a nommée noble émulation, esprit d'intrigue, science diplomatique, passion du jeu, du trafic, envie, etc. Fourier le premier ayant nettement caractérisé cette passion, ainsi que les deux suivantes, a dû lui donner un nom propre qui lui manquait. Il l'a appelée CABALISTE.

k. *Accord*. Le besoin d'accord naît d'une passion qui est en tout l'opposé de la précédente. Ces groupes amis qui nous contemplent, cette vaste réunion d'hommes qui applaudit à nos efforts, font naître en nous un enthousiasme aveugle, une *fougue irréfléchie* qui exclut la raison et nous porte à des actes de courage et de dévouement qui seraient impossibles si nous agissions de sang-froid. Un plaisir simple n'est guère capable de développer cet enthousiasme ; il veut un plaisir *composé* de plusieurs plaisirs. Son domaine est surtout l'amour, l'amour complet agissant sur l'âme et sur les sens. Cette satisfaction multiple, qui seule peut engendrer cette passion, lui a fait donner le nom de COMPOSITE.

l. *Diversité*. Le dernier rameau de la tendance aux

séries est ce besoin qu'éprouvent. tous les hommes de varier leurs occupations. Un plaisir même devient à la longue monotone et fastidieux. Cette passion, sous le nom d'inconstance, est généralement regardée comme un vice ; nous verrons qu'elle est destinée à jouer plusieurs rôles essentiels ; entre autres, c'est elle qui doit prévenir les excès en maintenant l'équilibre entre les facultés de l'homme. Cette passion est nommée Papillonne.

Cabaliste, Composite, Papillonne, sont les passions distributives ; les groupes doivent être distribués en séries conformément à leurs exigences.

La subdivision des trois passions sous-foyères a donc donné douze passions *radicales* qui pourraient être divisées à leur tour d'une manière analogue ; ces subdivisions se continueraient indéfiniment [1]. Mais nous avons pénétré assez avant dans l'étude des passions humaines, nous en savons assez pour déterminer la forme de la Société naturelle que nous voulons découvrir.

Le tableau suivant résume ce qui précède.

---

[1] Ainsi dans la passion *ouïe* se trouve le désir de musique, désir qui peut se subdiviser en désirs d'harmonie, de mélodie, de symphonie, etc. Je cherche à faire comprendre comment les passions radicales peuvent se décomposer, sans prétendre donner ici une division régulière de la passion. *ouïe.*

Passion pivotale.	Passions sous-foyères.	Passions radicales.		
		a. *Passion répondant* au GOUT.		Sensitives.
	a. TENDANCE AU LUXE.	b. ——————— à l'ODORAT.		
	Rapport avec le monde extérieur.	c. ——————— à la VUE.		
		d. ——————— à l'OUÏE.		
		e. ——————— au TACT.		
A. UNITÉISME.	b. TENDANCE AUX GROUPES.	f. AMBITION,	} *mode majeur.*	Affectives.
Harmonie, Religion.	*Lien avec l'Humanité.*	g. AMITIÉ,		
		h. AMOUR,	} *mode mineur.*	
		i. FAMILISME,		
	c. TENDANCE AUX SÉRIES.	j. CABALISTE, ou *contrastante.*		Distributives.
	Lien sociétaire.	k. COMPOSITE, ou *exaltante.*		
		l. PAPILLONNE, ou *engrenante.*		

Animiques.

Quelques développements sont encore nécessaires pour que ce tableau soit bien compris.

a. Les passions sensitives, pouvant trouver quelque satisfaction dans l'homme isolé, ne tendent pas directement à le réunir à ses semblables, ne sont pas *directement* sociales. La Société doit savoir les rendre sociales indirectement, faire d'elles un renfort de sociabilité.

b. Les passions affectives sont bien directement sociales, l'homme ne pouvant les satisfaire en aucune manière hors du contact des autres hommes. Pour bien comprendre les passions de cet ordre, il faut remarquer que chacune d'elles a deux ressorts, l'un *spirituel,* l'autre *matériel,* ce qui est indiqué au tableau suivant par les lettres S et M.

AMITIÉ, *Affection unisexuelle.*	S Affinité de caractères ; M Affinité de penchants industriels.
AMBITION, *Affection corporative.*	S Ligue pour la gloire ; M Ligue pour l'intérêt.
AMOUR, *Affection bisexuelle.*	M Amour physique ; S Amour animique.
FAMILISME, *Affection consanguine.*	M Lien de consanguinité ; S Lien d'adoption.

Il est impossible de concevoir une réunion d'hommes librement formée qui n'ait pour cause une ou plusieurs des quatre affectives, agissant par un des ressorts matériel ou spirituel de la passion, ou par les deux ressorts à la fois.

Un groupe formé sous l'influence du seul ressort matériel manque de noblesse ; il manque d'utilité si le ressort spirituel seul est en jeu ; le groupe est parfait, noble et utile en même temps, s'il est formé par les deux ressorts de la passion.

Les deux premières affectives, où le ressort spirituel est placé en première ligne, parce qu'il y domine, sont les affectives d'*ordre majeur*. Les deux dernières sont d'*ordre mineur*, le spirituel y est subordonné au matériel.

Fourier a cherché les propriétés des groupes et les a résumées en plusieurs tableaux que nous allons donner successivement.

Le premier tableau indique le ton naturel à chaque groupe, le second fait connaître d'où part l'impulsion lorsque le groupe doit agir.

Le troisième tableau, sur lequel l'attention doit se fixer principalement, a rapport à la critique, à la critique qui corrige, redresse, qui est ainsi un des éléments de l'éducation. Chaque groupe a un mode de critique qui lui est propre et qui serait déplacé dans tous les autres.

1°. Ton.

Groupe d'AMITIÉ ou *nivellement :*
Cordialité et confusion de rangs.

Groupe d'AMBITION ou *ascendance :*
Déférence des inférieurs aux supérieurs.

Groupe d'AMOUR ou *inversion :*
Déférence du sexe fort au faible.

Groupe de FAMILLE ou *descendance :*
Déférence des supérieurs aux inférieurs.

2°. Entraînement.

Groupe d'AMITIÉ :
Tous s'entraînent en confusion.

Groupe d'AMBITION :
Les supérieurs entraînent les inférieurs.

Groupe d'AMOUR :
Les femmes entraînent les hommes.

Groupe de FAMILLE :
Les inférieurs entraînent les supérieurs.

3°. Critique.

Groupe d'AMITIÉ :
La masse CRITIQUE *facétieusement* l'individu.

Groupe d'AMBITION :
Le supérieur CRITIQUE *gravement* l'inférieur.

Groupe d'AMOUR :
L'individu EXCUSE *aveuglément* l'individu.

Groupe de FAMILLE :
La masse EXCUSE *indulgemment* l'individu.

En y réfléchissant, on voit que ces tableaux sont l'expression fidèle de l'impulsion que nous recevons de la nature; ce n'est qu'en se conformant à cette impulsion que les hommes peuvent rester en contact sans irritation, sans malaise; dès qu'ils s'en écartent, il y a désordre et vexation. Ainsi le supérieur ne pourrait critiquer *facétieusement* un inférieur sans compromettre son autorité; et, dans une réunion amicale, tel qui souffre gaiement une critique *facétieuse*, serait vivement offensé s'il était critiqué *gravement*.

La critique n'appartient qu'aux groupes majeurs; en amour et dans la famille elle est toujours fausse et discordante : elle doit faire place à l'excuse, à l'excuse aveugle ou indulgente. Mais la Société présente ne permet pas aux groupes de prendre le ton qui leur est propre, et le père, pour que la critique ne manque pas à son enfant, est obligé de le critiquer lui-même, quoique l'impulsion naturelle le porte à le *gâter*. Aussi l'enfant se révolte contre la critique, qui n'aurait rien de choquant pour lui s'il la recevait dans les groupes d'amitié ou d'ambition.

Les affectives prédominent successivement aux différents âges de la vie, suivant le tableau ci-dessous :

Ages.	Passions dominantes.	Analogies.
Enfance.	Amitié.	Bouton.
Adolescence.	Amour.	Fleur.
Virilité.	Amour et ambition.	Fleur et fruit.
Maturité.	Ambition.	Fruit.
Vieillesse.	Familisme.	Graine.

Les sexes sont aussi sous l'influence plus particulière de quelques-unes des affectives ; les affectives majeures dominent dans l'homme ; les affectives mineures dans la femme. Tel est le genre d'égalité qui existe entre les sexes : en relations d'amitié ou d'ambition, l'homme est supérieur ; la femme a le pas dans les relations d'amour et de famille.

Ces règles sont sujettes à des exceptions dont nous parlerons quand il y aura lieu.

c. Si les hommes n'avaient que des passions sensitives et affectives, ils chercheraient bien à se réunir pour former des groupes, mais ces groupes seraient toujours étrangers les uns aux autres. Le lien entre les groupes part des passions distributives, qui tendent à réunir les hommes en séries, à les former en faisceaux, à faire un seul tout de l'Humanité.

A. Tout homme à l'état normal porte au cœur toutes les passions. Privé d'une passion, l'homme serait mutilé, comme s'il était privé d'un sens. L'individu est différencié, son titre *caractériel* est déterminé par l'énergie absolue et relative de ses passions, et ce titre donne sa position naturelle dans la Société.

Les sensitives (mode passif) correspondent plus particulièrement au matériel ; les affectives (mode actif), à l'âme, au cœur ; les distributives (mode neutre), à l'intelligence, à l'esprit.

D'après la manière dont Fourier s'est posé le problème social, son système croulerait par la base, s'il avait mal compris l'homme, s'il avait omis quelques-unes de ses passions. Il convient donc de ne pas passer légèrement sur ce chapitre donné à l'analyse de l'âme humaine, et de chercher s'il est, en dehors des forces motrices que nous avons trouvées, d'autres forces en vertu desquelles l'homme agit.

Dans le tableau des passions, nous n'avons pas compris ces habitudes vicieuses auxquelles on a donné le nom de passions, et qui sont, non des passions dans le sens que nous avons attribué au mot, mais des effets subversifs de passions.

Ainsi la colère n'est pas une passion, car elle *n'est pas par elle-même.* Elle naît d'une passion blessée, elle est un mauvais effet résultant d'un amour trahi, d'une ambition déçue, etc. L'amour, l'ambition, resteront toujours au cœur de l'homme, mais la colère ne s'y montrera plus, s'il parvient à éviter les contrariétés et les déceptions.

L'ouvrier enchaîné chaque jour à un travail rebutant, pour que sa vie entière ne soit pas un supplice, cherche de temps en temps quelques distractions à son dur labeur. Et quel plaisir lui est offert, dans nos Sociétés, si ce n'est le cabaret? Il boit donc, parce qu'il trouve dans l'ivresse quelques élans qui raniment sa vie décolorée, parce qu'il y puise l'insouciance et un peu d'espoir. Mais si sa vie était heureuse, si son avenir était assuré, s'il avait chaque jour à choisir entre plusieurs plaisirs, s'adonnerait-il à un seul? Ne voit-on pas l'ivrognerie disparaître si l'on s'élève à des classes plus heureusement placées sur l'échelle sociale?

Le vol, le brigandage, qui naissent ordinairement du besoin de satisfaire les appétits sensuels, du désir de posséder, de la *tendance au luxe*, ne se retrouvent pas davantage dans les classes moyennes et supérieures où cette même tendance peut se manifester par l'activité, par l'esprit d'ordre et le travail. Ainsi, tel qui figure aujourd'hui sur les bancs d'une cour d'assises, placé dans d'autres circonstances, pour obéir aux mêmes penchants qui l'ont conduit là, fût devenu un membre utile de la Société.

L'inconstance ou Papillonne est une sage impulsion de la nature qui porte l'homme à exercer alternativement toutes ses facultés physiques et intellectuelles, facultés qu'il ne peut avoir reçues pour les laisser dans l'inaction. C'est parce qu'ils n'obéissent pas à ce penchant, parce que le riche néglige d'user de sa force physique, parce que le pauvre ne peut exercer son intelligence, qu'ils reçoivent de si graves lésions dans leur santé et dans leur esprit. L'inconstance est un mal dans la Société présente, où chaque homme, n'ayant qu'une occupation utile, devient oisif dès qu'il l'abandonne. L'inconstance serait un bien, si la Société offrait à chacun des occupations utiles, variées et appropriées à toutes ses facultés.

La paresse est le désir bien naturel d'éviter la peine, *mais non l'action ;* le plus paresseux est souvent le plus ardent au plaisir. La paresse ne sera qu'une anomalie, lorsque le travail sera attrayant.

L'oisiveté est un état passif où l'homme ne peut se plaire longtemps. L'ennui le pousse bientôt à agir : l'ennui qui indique le besoin de s'occuper comme la faim le besoin de manger. L'homme se plaît dans l'exercice de ses facultés, mais il veut les exercer *agréablement,* c'est-à-dire pour la satisfaction de ses passions. S'il refuse le travail, c'est que le travail offert contrarie ses passions, le fait souffrir, et qu'à la douleur active il préfère un état passif, l'état de repos.

On parle d'individus et même de peuples invinciblement paresseux ; on cite les populations du Midi de l'Europe. Mais c'est là précisément que les hommes embrassent volontiers les plus pénibles, les plus dangereux métiers, des métiers qui les exposent aux plus grandes fatigues, aux plus rudes épreuves, à l'emploi poussé jusqu'à l'excès de toutes les facultés. L'Espagne et l'Italie ne sont-elles pas la terre classique des contrebandiers et des brigands ?

Pourquoi les hommes de ces contrées préfèrent-ils ces rudes professions aux professions paisibles de l'agriculture et de l'industrie? C'est ce que doit comprendre aisément celui qui nous a suivi dans l'analyse que nous venons de faire des passions humaines [1].

La Cabaliste, ce besoin de lutte qui engendre souvent là discorde, la haine, la guerre, est aussi la source de cette noble émulation qui porte les hommes à se distinguer par le savoir, le talent, l'utilité.

L'avarice, dégagée de toute crainte de privation pour soi ou pour les siens, est un effet d'Unitéisme. Celui qui est porté à des épargnes minutieuses rendra de grands services à la Société de l'avenir. Alors ce caractère, consacré au service de tous, ne fonctionnant plus dans

---

[1] « Faut-il que nous montrions aussi que la *paresse*, ce vice qui vaut tant de remontrances, de sermons et de punitions à la malheureuse enfance, n'est point non plus une disposition innée de notre nature. Mais qui donc aujourd'hui n'a compris que, puisque l'homme est un composé de facultés et de forces diverses, il est radicalement impossible qu'il soit un paresseux? Est-ce que des forces peuvent exister et ne pas tendre à s'exercer? Et cependant il est indubitable qu'il existe des enfants et des hommes paresseux, — c'est-à-dire des individus dont les facultés refusent de s'exercer, du moins de s'exercer utilement. Mais qu'y a-t-il d'étonnant à cela, si les circonstances dans lesquelles ces facultés sont appelées à s'employer, leur sont tellement contraires, que leur exercice devienne une douleur pour l'individu? — Or, ce que nous supposons en ce moment est précisément ce qui a lieu. — Les conditions du travail, dans l'absence actuelle de toute organisation régulière, sont généralement incompatibles avec le facile et agréable exercice de nos facultés intellectuelles et corporelles. Là est toute l'explication de la paresse, qui n'est en définitive, comme on voit, que l'expression de la répugnance des individus pour les choses qui ne concordent pas avec leurs dispositions natives. »

(*Extrait d'un travail inédit d'Amédée Paget.*)

un intérêt exclusivement égoïste, n'aura rien de mé-
prisable; il sauvera de la destruction mille choses que
les autres dédaignent; de débris minimes et sans valeur
en apparence, il saura tirer de magnifiques économies
qui tourneront au profit de l'Unité sociale (1).

En passant en revue, de cette manière, tous les
excès, tous les vices qui dégradent aujourd'hui l'espèce
humaine, on peut se convaincre que si ces vices se
rattachent à quelques passions, ils n'en font pas certainement partie essentielle; qu'ils dépendent au contraire de circonstances extérieures qu'il est possible
d'éviter. Il y avait donc à découvrir la Société où toute
voie mauvaise serait fermée aux passions, où le chemin
de la vertu serait une large route semée de fleurs, et
non pas un sentier couvert d'épines. Il y avait à faire
ce que Fourier a fait.

Mais nous devons laisser les passions pour un moment, nous les reprendrons pour juger la Société dont
nous allons expliquer l'organisation, par son degré de
convenance avec elles.

(1) Ce rôle est représenté analogiquement par un animal domestique fort utile en pratique, mais tellement méprisé en parole, que
c'est à peine si j'ose en écrire le nom : le cochon ! Tout ce que les
autres animaux refusent, le cochon l'accepte; il sait extraire de la
nourriture la plus dédaignée jusqu'à la dernière parcelle nutritive;
et pour tous ces restes qui sans lui eussent été perdus, il rend à
l'homme une chair savoureuse dont plusieurs parties figurent avec
orgueil même sur la table du riche.

CHAPITRE IV.

ORGANISATION DE LA COMMUNE.

> Richesse proportionnelle.
> Bonheur individuel.
> Règne de la justice.
> Unité d'action.
>
> FOURIER.
>
> Ah ! croyez-moi, ils s'abusent ceux qui croient
> que l'industrie ne peut avoir sa gloire, son
> point d'honneur, son enthousiasme ! Ils se
> trompent ceux qui prétendent que le Français
> n'a d'ardeur que pour détruire, et que, pour
> se manifester, la *furia francese* a besoin de
> flairer la poudre à canon !
>
> (*Lettre de* MICHEL CHEVALIER.)

§ Iᵉʳ. *Dispositions matérielles.*

LES réformes tentées jusqu'à ce jour sur le milieu
social ont été presque toujours des réformes générales,
partant d'en haut et s'appliquant à une nation entière.
Cette marche cependant est dangereuse ; si les pro-
messes de la théorie n'étaient pas réalisées dans la pratique, on aurait troublé la Société dans son ensemble,

sans que, le plus souvent, il fût possible de revenir au point de départ.

Dans l'industrie, lorsqu'il s'agit simplement d'intérêts privés, on procède avec plus de prudence : une découverte, quelque brillantes que soient les espérances qu'elle donne, n'est appliquée généralement qu'après avoir été essayée *en petit*. Pourquoi ne pas agir avec la même réserve, lorsqu'il s'agit des plus graves intérêts de la Société?

La Société n'est-elle pas composée d'un certain nombre d'agglomérations d'hommes réunis sur un point où ils vivent dans des rapports quotidiens, où ils peuvent demeurer étrangers à tout ce qui se passe ailleurs? Toute réforme ne doit-elle pas, en définitive, descendre et se faire sentir au sein de ces agglomérations élémentaires, les Communes, puisque la plupart ne doivent connaître que la seule vie de la Commune?

Dès lors, n'est-il pas convenable de commencer une réforme par les Communes, d'essayer même sur une seule Commune pour prévenir tout danger en cas de non succès?

Si l'essai réussit, d'autres Communes imiteront, la réforme gagnera de proche en proche, et, après un temps plus ou moins long, suivant la grandeur et l'évidence des résultats obtenus, la nation d'abord, et successivement le Globe entier, ne présentera plus que des Communes réorganisées.

Telle est la marche sûre et progressive indiquée par Fourier, qui demande si le projet qu'il a conçu n'est pas suffisamment appuyé sur le raisonnement, pour qu'il soit convenable d'en faire l'essai sur un coin de terre.

C'est ce projet que nous allons faire connaître, en esquissant les principaux traits de la Commune réorganisée, de la *Phalange* (1).

Supposons que dans une Commune de 400 familles environ (1,600 à 1,800 âmes) les habitants délibèrent entre eux et adoptent les résolutions suivantes :

1°. Une association est formée entre tous les habitants de la commune (riches et pauvres) ; le capital social est composé des immeubles de tous, et des meubles et capitaux que chacun jugera convenable de mettre dans la société.

2°. Chaque associé, en échange de son apport, recevra des actions représentant la valeur exacte de ce qu'il aura livré.

3°. Chaque action aura hypothèque sur la partie des immeubles qu'elle représente et sur la propriété générale de la société.

(1) *Phalange*, mot qui fait naître une idée d'ensemble, d'accord, d'unité de volonté et de but. *Phalanstère*, demeure, habitation de la Phalange.

4°. Chaque associé (on est associé même lorsqu'on ne possède ni actions ni capitaux) est invité à concourir à l'exploitation du fonds commun par son travail et par son talent.

5°. Les femmes et les enfants entrent dans la société au même titre que les hommes.

6°. Le bénéfice annuel, les dépenses communes acquittées, sera distribué aux associés de la manière suivante :

a. Une première part paiera les intérêts des actions ;

b. Une seconde part sera répartie entre les travailleurs, d'après les difficultés de la tâche et le temps consacré à l'œuvre par chacun d'eux ;

c. Une troisième et dernière part sera divisée entre ceux qui se seront distingués, dans les travaux , par leur intelligence, leur activité, leur vigueur.

Ainsi chacun, homme, femme, enfant, peut avoir à toucher trois parts proportionnelles à son concours à la production par ses trois facultés productives : *capital, travail, talent.*

Cette question de *la répartition des bénéfices* doit paraître d'abord insoluble. Nous montrerons que l'organisation proposée permet de la résoudre très-facilement; il faut supposer, pour le moment, que la répartition se fait d'un commun accord et réserver l'objection.

Les bases que nous avons posées pour l'association des membres d'une Commune étant adoptées, on aura obtenu, par une simple transformation de la propriété, des résultats importants que nous indiquerons sommairement.

Cette transformation n'est pas une dépossession : la propriété d'actions hypothéquées sur des immeubles est aussi bien garantie que la propriété de ces immeubles. Dans nos Sociétés, le capitaliste le plus défiant ne craint jamais de prêter sur une hypothèque solide.

Le premier avantage de la réforme est de rendre convergents les intérêts jusqu'alors opposés des habitants de la commune. Chacun d'eux comprend immédiatement que les trois lots qu'il peut espérer devant augmenter ou diminuer avec le bénéfice général, il ne peut travailler dans son intérêt privé qu'en travaillant pour tous : chacun sent que le bonheur de l'un ne peut plus être la conséquence ou la cause du malheur de l'autre.

Le sol de la Commune ne tendant plus à se fractionner en parcelles à peu près inexploitables, les clôtures, les fossés, une partie des chemins d'exploitation, disparaîtront, et le territoire sera cultivé comme le domaine d'un seul. Ainsi l'on saura cumuler les avantages inhérents à la grande propriété, avec les avantages de la petite; car le seul effet salutaire de la subdivision du sol est de permettre à un plus grand nombre d'atteindre à la propriété, de s'intéresser directement à son exploitation ; et, dans la Commune associée, la plus légère économie peut se transformer en coupon d'action, titre avec lequel on est réellement co-propriétaire du domaine de la Phalange.

Dans la Commune morcelée, chaque chef de famille, quels que soient d'ailleurs ses goûts et ses aptitudes, avait à cultiver ses champs, ses vignes, ses jardins, ses vergers ; à conserver ses grains, ses vins, ses fourrages, etc. ; et nul ne peut s'occuper avec succès de tant de choses différentes. Dans la Commune associée, sur 1,800 habitants on aura la certitude de trouver des personnes capables dans chaque spécialité. Ces personnes prendront, dans l'intérêt général, la direction des travaux où elles excellent, et tout s'exécutera avec des chances de succès d'autant meilleures, que la culture en grande échelle permettra de choisir les méthodes les plus avantageuses, les plus économiques ; de prendre pour chaque espèce de culture le sol le plus convenable, etc.

Une commune ainsi organisée sentirait bientôt qu'elle gagnerait infiniment à remplacer ses 400 pauvres greniers, ses 400 mauvaises caves, par un grand local parfaitement disposé pour recevoir et conserver les récoltes ; elle comprendrait encore qu'elle doit substituer à ses 400 feux de cuisine, occupant 400 femmes, des cuisines communes dirigées par quelques personnes, où tout consommateur trouverait, *en rapport avec sa fortune et ses goûts*, des repas plus variés, mieux préparés et bien moins coûteux que ceux qu'il pouvait avoir dans son isolement. On sait déjà qu'un très-petit nombre de femmes peuvent soigner, diriger, instruire un grand nombre d'enfants réunis dans des salles d'asile; la Commune profiterait de ces heureux essais.

Ainsi les sept huitièmes des femmes, qu'absorbent généralement des détails d'intérieur, seraient affranchies de ces soins et rendues au travail productif.

Ces modifications donnant nécessairement de grandes économies de bras et de temps, les travaux agricoles seraient insuffisants pour employer tous les instants de la population, et l'on songerait à y joindre des travaux industriels. Ainsi l'on établirait, toujours sur un mode unitaire, des ateliers, des manufactures, des usines appropriées aux convenances locales, et dès lors il y aurait possibilité de ne perdre aucun instant.

Ces changements exécutés, chacun n'aurait besoin que d'un petit nombre de chambres pour s'y réunir à sa famille, à ses amis; pour s'y livrer à ses travaux particuliers, à ses réflexions. Pourquoi cet appartement bien simplifié, que chacun doit posséder en propre, ne se trouverait-il pas dans le grand édifice où déjà ont été réunis les cuisines et les salles à manger; les caves, les greniers et les magasins; les salles d'asile et les dortoirs d'enfants, les ateliers, etc. ? Cette disposition, n'offrant que des avantages, serait adoptée, et l'on disposerait dans la grande maison commune des appartements de toutes grandeurs pour satisfaire tous les désirs. Alors enfin les 400 masures qui composaient le village auraient disparu, et tous seraient établis dans le grand édifice unitaire, dans le *Phalanstère*.

Qu'on ne vienne pas parler ici de couvent, de caserne, de communauté! Les dispositions proposées sont en tout point ce qu'il y a de plus contraire à la communauté. Toute la population habitera bien le même édifice, mais chacun y aura un logement à sa fantaisie et d'après le loyer qu'il voudra payer ; tous pourront prendre leur repas au même restaurateur, mais ils se feront servir aux tables communes, dans des chambres séparées, même chez eux, suivant leur caprice, et ils choisiront sur la carte ce qui leur conviendra, ce qui s'accordera avec l'état de leur bourse.

Fourier donne dans ses ouvrages une analyse détaillée des conditions auxquelles doit satisfaire la grande maison, le Phalanstère. Ce qui établit surtout son caractère unitaire, c'est un vaste galerie régnant dans tout le développement des constructions, au premier étage, sur les cours et sans interruption. Cette galerie, *rue galerie*, est en communication couverte avec l'église, avec la salle de spectacle, avec les bâtiments ruraux et les usines qu'il est convenable d'isoler. Cette galerie, ventilée ou chauffée suivant la saison, rend faciles et commodes toutes les relations intérieures, et personne, pendant le mauvais temps (sauf l'exception, comme dans le cas de récoltes menacées par un orage), n'est dans la nécessité de s'exposer au dehors.

Ces dispositions matérielles seraient bien insuffisantes pour les grands résultats que nous avons annoncés; à elles seules, elles ne conduiraient certainement pas à une répartition des bénéfices parfaitement équitable et unanimement consentie, à l'accord des intérêts et des volontés, à l'entraînement au travail par la passion. Mais nous n'avons pas encore parlé des dispositions *passionnelles* dans lesquelles devraient être placés les travailleurs; nous n'avons pas appliqué cette étude de l'homme présentée par nous comme la base de tout problème ayant rapport à l'organisation des Sociétés.

Pour faciliter l'exposition de nos idées, nous avons supposé une Commune acceptant tout à coup la théorie et s'y conformant. Cette supposition, purement abstraite, ne peut guère se réaliser : l'essai se fera en construisant *de toutes pièces* la Commune associée, et les Communes existantes n'imiteront qu'après avoir vu.

§ II. *Dispositions passionnelles.*

Un des caractères inhérents à la Civilisation est le *simplisme.* Le simplisme consiste dans la faute de n'envisager qu'un des aspects d'une question complexe, de n'avancer d'un côté qu'en reculant de l'autre, de sorte que le progrès réel est nul ou négatif.

Nous avons déjà donné un exemple de simplisme en parlant de la grande et de la petite propriété. Ces deux modes d'exploitation du sol présentent des avantages qu'il faudrait cumuler, et, au lieu d'y tendre, les esprits, préoccupés exclusivement des avantages de l'un, cherchent à le faire prévaloir, oubliant ou niant les avantages du mode opposé.

Un second exemple non moins remarquable de simplisme, se présente dans la pratique de l'industrie manufacturière. Là, il est constaté que la subdivision du travail, *le travail parcellaire,* ajoute puissamment à la quantité et à la qualité des produits. Il y a donc progrès sous ce rapport. Mais quelle compensation, mon Dieu!......

L'ouvrier, voué pour la vie à l'exercice exclusif d'un seul de ses organes, s'abrutit et s'atrophie; l'espèce humaine se dégrade, et dans tel pays où brillait, il y a quelques années, une florissante jeunesse, l'observateur attristé ne rencontre plus qu'une race abâtardie, que des êtres étiolés, devant fournir une pénible et courte carrière, pour faire place à une génération plus déplorable encore !

Puisque le principe de la subdivision du travail donne de bons résultats, il faut le propager, l'étendre à toutes les branches de l'industrie humaine ; mais *seulement* après avoir trouvé le moyen d'éviter le mal, de prévenir la dégradation de l'ouvrier, de faire marcher parallèlement le progrès de l'individu et le développement de la richesse.

Mais c'est impossible ! dira-t-on... Eh bien !... ce qui est impossible, Fourier l'a fait !

Conformément au principe économique, dans tous les travaux du Phalanstère, dans les travaux domestiques, agricoles, manufacturiers, chacun sera chargé d'une parcelle, d'un détail réduit autant que possible. Mais comme une tâche semblable présente peu de difficultés, l'apprentissage ne sera pas long, et chaque homme pourra s'initier de même à trente [1] travaux différents, de manière à employer alternativement tout ce qu'il possède de forces physiques et intellectuelles.

---

[1] *Trente* est une approximation. Il en sera de même des autres nombres que nous donnerons en termes précis pour éviter les périphrases.

La nature est trop prévoyante pour nous avoir fait don d'une seule faculté que nous n'aurions jamais à utiliser. Un grand nombre des maladies qui nous frappent viennent de ce que nous ne savons pas développer et employer intégralement, avec mesure et équilibre, tous les ressorts qui sont en nous.

Ainsi seront conservés les avantages de la subdivision du travail sans que l'individu ait à souffrir. Ainsi le travailleur, passant successivement des ateliers aux champs, des soins domestiques aux occupations du cabinet ou du laboratoire, progressera sous toutes ses faces, deviendra tout ce qu'il lui est possible d'être, et rendra à la Société et à lui-même tous les services qu'il est en état de rendre.

Dans la Phalange, le travail isolé n'existe plus. Toute œuvre est confiée à une collection d'individus, à un *groupe*.

La Civilisation nous offre de rares exemples de travaux s'exécutant en réunions nombreuses (les vendanges, les moissons, etc., sont quelquefois dans ce cas). La gaieté et l'ardeur animent alors les travailleurs et font contraste avec l'ennui qui les accable quand ils travaillent isolément.

Un groupe est composé d'individus, chargés chacun du détail qui lui platt, de la spécialité où il excelle. De cette manière, tous ont le sentiment de leur valeur personnelle et du besoin qu'ils ont du concours des autres pour arriver à un résultat.

Le groupe responsable d'un travail, directement intéressé à sa parfaite exécution, calcule le temps qu'il doit y consacrer, et divise ce temps en séances de deux heures (terme moyen) : il répartit ces séances entre les jours de l'année, du mois, de la semaine.

Hors des heures ainsi fixées pour les séances du groupe, chacun de ses membres se rend isolément aux séances des autres groupes dont il fait partie, pour satisfaire d'autres vocations par un emploi différent de son activité.

Il ne faut pas croire que le premier venu peut se jeter capricieusement à travers les occupations d'un groupe et compromettre le succès par son ignorance : celui qui sent le désir de se livrer à un travail, se présente, pour un noviciat, au groupe qui en est chargé. Après avoir fait son apprentissage, s'il réussit, il est appelé au partage du bénéfice ; mais tant qu'il ne saura pas se rendre utile, il ne pourra élever aucune prétention.

Chacun, ayant opéré par son travail dans une trentaine de groupes, touchera, à la fin de l'année, une trentaine de dividendes, outre les intérêts de ses actions. Il aura droit encore à plusieurs sommes, *au titre talent,* dans les groupes où il se sera distingué.

On ne doit pas s'arrêter à cette objection, qu'un homme chargé d'un détail très-restreint auquel il revient périodiquement, ne saura pas le faire aussi bien que s'il s'y livrait continuellement et sans alternance. Un homme dont les facultés sont développées dans un équilibre parfait, est plus intelligent et plus adroit que celui qui n'en développe qu'une seule, d'une manière anormale et par l'atrophie des autres. Aujourd'hui, ne voit-on pas les gens du monde s'occuper par instants des arts d'agrément et réussir dans ces choses plus difficiles que ne le seront la plupart des détails dont se composera l'industrie? Un chirurgien ne devient-il pas très-habile opérateur, bien qu'il ne puisse exercer son adresse manuelle que par séances courtes et assez éloignées les unes des autres?

Quant aux travaux des sciences, des lettres, des arts; quant aux méditations de celui qui observe, perfectionne ou invente, ils feront exception; Mais ces exceptions, comparées à la masse des travaux que doit exécuter l'espèce, sont assez rares pour que la règle n'en soit pas infirmée. D'ailleurs, le savant lui-même, lorsque le travail sera attrayant, lorsqu'il s'exécutera en réunions toujours agréables, abandonnera volontiers et plusieurs fois dans la journée les hautes régions intellectuelles, pour se mêler aux groupes actifs, pour fortifier son corps et retremper son intelligence par l'emploi de ses forces physiques.

L'ensemble des groupes pratiquant les diverses branches d'une même industrie, forme une *série du premier degré;* un certain nombre de séries du 1er. degré fonctionnant dans des rapports analogues, forment une *série du* 2me. *degré;* les séries du 2me. degré s'ordonnent de même en séries supérieures, etc.; la réunion de toutes les séries est la **Phalange.**

Ainsi la série des vergers peut être divisée en séries inférieures, appliquées les unes aux fruits à noyaux, les autres aux fruits à pepins, etc. ; la série des fruits à pepins comprendra la série des pommes, la série des poires, etc.; chaque espèce de poire aurait ensuite sa série particulière ; enfin un groupe serait affecté à chaque variété de la même espèce.

Il ne faut pas s'étonner du grand nombre de séries et de groupes à fournir par une seule Phalange ; plus le nombre des séries sera multiplié, plus la tâche de chaque série sera simple, et moins elle aura de temps à y donner. Chacun devant faire partie d'une trentaine de groupes, par suite des diverses combinaisons que peuvent former les travailleurs, il pourra y avoir, dans la Phalange, beaucoup plus de groupes que d'individus.

Il faudra observer avec un grand soin cette règle qui consiste à subdiviser chaque industrie en branches aussi nombreuses que possible, pour appliquer un groupe à chacune d'elles. Il faut que, allant dans une série, du premier groupe au dernier, deux groupes voisins soient rapprochés, autant que possible, par le genre du travail et la nature des produits. Cette disposition des séries en *échelle compacte*, suivant l'expression du Maître, contribue puissamment à ce résultat que nous cherchons, rendre le travail attrayant.

Travaux parcellaires, séances courtes et variées, groupes de travailleurs ordonnés *en séries d'échelle compacte*, tel sera, dans la Phalange, le mode d'exécution des travaux.

L'industrie pratiquée en courtes séances obligeant les travailleurs à des déplacements fréquents, en résultera-t-il une perte de temps notable? Il faut prévoir cette objection.

Chaque soir, à une séance que Fourier appelle *la Bourse*, les représentants des séries et des groupes négocieront l'emploi du temps pour les jours suivants. De la sorte, à toute heure de la journée, chacun saura parfaitement où il doit se rendre, et les mouvements se feront avec une régularité parfaite, sans hésitation ni arrêt.

Le territoire de la Phalange sera d'une lieue carrée environ, et autour du Phalanstère construit au centre seront réunis en grande partie les jardins, vergers, bâtiments ruraux, usines, manufactures, etc. Ainsi les déplacements seront généralement courts, les travaux de grande culture appelant seuls les travailleurs sur les points éloignés.

D'ailleurs, les travaux agricoles, lorsque la Société offrira de l'emploi à toutes les facultés de l'homme, seront pratiqués par tous, presque sans exception, parce qu'ils sont attrayants autant que variés, et qu'ils se prêtent aux convenances de tous les âges, de tous les sexes, de tous les caractères [1]. Avec cette affluence de travailleurs, ces travaux s'exécuteront rapidement, et l'on pourra choisir, pour s'y livrer, les époques de l'année, les heures du jour les plus convenables; on pourra combiner, avec les mouvements des groupes, la direction à donner à des moyens de transports, *omnibus* et autres, pour rendre les déplacements plus agréables et plus prompts. Dans une Société où tout se fait avec ensemble et régularité, ces précautions seront plus économiques que coûteuses.

On voit, par ces considérations, que dans la Phalange il y aura moins de temps perdu qu'en Civilisation, et que la perte de temps résultant des déplacements sera plus que compensée par l'ardeur entretenue chez les travailleurs, précisément au moyen de ces changements d'occupations.

---

[1] Malgré les mille entraves que notre Société apporte au développement des vocations, le goût de l'agriculture perce de toute part. La jeune femme arrose ses fleurs; le vieux soldat aligne les bordures de son jardinet; l'homme d'étude greffe ses arbres; le banquier contourne les allées de son jardin anglais; le citadin voudrait s'égarer entre les buis de son parterre microscopique; la grisette orne sa fenêtre d'un rideau de plantes grimpantes, etc., etc.

§ III. *Conséquence de ces dispositions.*

Enfin nous avons exposé les principales dispositions qui auront pour effet d'établir l'accord entre tous les associés, et de transformer en plaisirs toutes les occupations de l'homme.

Le travail attrayant est quelque chose de tellement en dehors de nos habitudes, que sur ce point l'incrédulité nous étonne peu, bien qu'il n'y ait aucune raison sérieuse à opposer à la possibilité de cette transformation.

En effet, que l'homme s'amuse ou qu'il travaille, il emploie également ses facultés physiques et intellectuelles, il s'occupe. Pourquoi certaines occupations sont-elles amusements, plaisir? pourquoi d'autres sont-elles travail ou peine?

Ce n'est pas parce qu'une occupation est fatigante qu'elle est une peine, puisqu'il est des plaisirs plus fatigants encore pour le corps et l'esprit que les travaux les plus rudes et les plus compliqués.

Ce n'est pas (sauf la satisfaction directe du sens) dans l'action même que l'on fait que se trouve le plaisir; cette action est d'ordinaire fort insignifiante par elle-même, et jamais l'homme isolé n'y chercherait des distractions. Ainsi on ne songe guère, lorsqu'on est seul, à danser, à jouer au billard ; l'avantage ici resterait même aux occupations utiles pour lesquelles l'homme se passionne souvent, pour la culture d'un jardin par exemple, pour l'art du tourneur, du menuisier, etc.

Le plaisir retiré d'une occupation est donc indépendant du plus ou moins de fatigue résultant de l'occupation, et en partie même de la nature de l'acte exécuté. Dès lors pourquoi serait-il impossible d'appliquer aux occupations utiles, aux travaux, ces conditions extérieures desquelles dépendent la satisfaction, la jouissance.

1°. Le plaisir se trouve dans les réunions librement formées de personnes qui aiment à se trouver ensemble.

Donc tout travail doit être exécuté par un groupe dont les membres se sont volontairement réunis. C'est ainsi que les hommes donneront satisfaction à leurs *passions affectives* d'après l'impulsion desquelles ils se seront groupés.

2°. Les hommes réunis pour le plaisir, se séparent dès qu'ils en sentent l'envie.

Donc tout groupe de travailleurs doit être dissout avant que la tiédeur n'ait succédé à l'entraînement. Travaillant ainsi *en séances courtes et variées*, ils obéiront aux impulsions d'une des passions distributives : *la Papillonne.*

3°. Dans leurs jeux, constamment en lutte les uns avec les autres, les hommes cherchent à surpasser, à vaincre des rivaux.

La rivalité doit donc exister entre les groupes de travailleurs, et pour cela plusieurs groupes doivent présenter des produits analogues, comparables, entre lesquels on ne puisse prononcer qu'avec difficulté. Ainsi, pour la satisfaction de *la Cabaliste*, les groupes seront distribués *en échelle compacte*.

4°. Les hommes sont enivrés de plaisir, quand par leur adresse ou leur talent ils obtiennent d'éclatants triomphes dans des assemblées nombreuses.

Les groupes doivent donc être reliés les uns aux autres par l'organisation sériaire, pour que l'attention d'un grand nombre soit portée sur les actes de chacun ; pour qu'il y ait des alliances entre les groupes dont les prétentions peuvent s'accorder, contre les groupes à prétentions analogues et par conséquent rivales. De cette manière, le travailleur se sentant observé, soutenu, applaudi par une masse, sachant que sa part à l'œuvre commune est rendue distincte et mise en relief par le *travail parcellaire*, se trouvera dans les conditions les plus favorables au développement de l'enthousiasme irréfléchi, de *la Composite*.

5°. Lorsque les hommes trouveront le plaisir dans les occupations utiles, ils abandonneront nécessairement les amusements sans but dans lesquels ils l'ont

cherché jusqu'à ce jour. Lorsque les travaux seront
des fêtes, c'est pour ces fêtes qu'ils réserveront tout
le luxe, toute la recherche dont il sera possible de les
embellir. Ainsi les passions des sens, *tendance au luxe,*
trouveront encore satisfaction dans les réunions de
travailleurs, par des dispositions confortables, autant
que le permettra la nature du travail auquel elles seront destinées.

6°. Après s'être rangé lui-même sous la GRANDE LOI
SÉRIAIRE, qui resplendit partout dans la nature,
l'homme, comprenant enfin que rien dans la création
ne lui est fatalement hostile, que le bonheur des autres
est le complément de son propre bonheur, sera pénétré d'amour pour ses semblables, de gratitude pour
l'intelligence infinie qui a disposé les choses avec un
art si parfait. Il se sentira heureux dans ce haut sentiment d'harmonie, dans cette *passion d'Unité* qu'il
porte au fond du cœur.

Chaque industrie divisée en parcelles présentant des
parties qui conviennent à tous les âges, à tous les sexes,
chaque groupe sera composé généralement d'hommes,
de femmes et d'enfants.

Cette réunion des trois sexes (Fourier appelle l'enfance *sexe neutre ou impubère*) est un moyen puissant
de porter l'attrait dans les travaux. La nature, pour
assurer toujours cette disposition, a donné à quelques

hommes les goûts les plus féminins ; à quelques femmes les vocations les plus mâles. Ces caractères de transition sont ridiculisés dans une Société où ils n'ont pas d'emploi : ils seront appréciés en Harmonie, où, grâce à eux, les travaux les plus exclusivement réservés à un sexe ne seront pas privés de ce genre d'émulation qui naît de la présence de l'autre.

Mais la morale, peut-être, va s'effaroucher de ces rapports journaliers entre les hommes et les femmes. En vérité, la Société, qui ne voit rien de répréhensible dans ses bals, dans ses fêtes presque uniquement consacrés à la galanterie, est bien venue de critiquer cette réunion des sexes, en lieux publics, *en présence de l'enfance* et pour le travail, de blâmer une disposition qui doit répandre le charme dans des occupations fécondes, disposition employée sans scrupule dans les assemblées frivoles tout au moins, si elles ne sont pas dangereuses.

Le travail organisé comme nous l'avons exposé, la Société ne se composera plus d'hommes voués à l'exercice exclusif d'une seule fonction : de tailleurs, de cordonniers, de maçons, de médecins, etc. Mais il y aura des hommes consacrant à tous ces travaux une partie seulement de leur temps et de leurs facultés. Souvent les savants les plus illustres, les artistes les plus distingués, choisiront, pour alternat à leurs méditations, les occupations les moins relevées, les fonctions les plus infimes.

Nous allons passer en revue quelques travaux dont l'exécution par la série présente des particularités sur lesquelles il est convenable de donner quelques explications.

Les soins domestiques, comme tous les travaux, seront exécutés par une série : cette série, qui sera nombreuse, fournira quotidiennement le détachement nécessaire au service du jour. Lorsque ses fonctions seront, comme les autres, des fonctions sociales et rétribuées par la masse, lorsqu'elles auront perdu tout caractère de servitude personnelle, elles ne seront nullement répugnantes, et plusieurs se plairont à y consacrer deux ou trois séances par semaine, dans le but de se rendre utile à des personnes qu'ils affectionnent et qui, dans mille circonstances, les servent sous quelque autre rapport.

Les liens affectueux étant nombreux dans la Phalange, dont les membres sont journellement en contact et par les points même où ils sympathisent, dans la série domestique, le travail se distribuera, autant que possible, de manière à ce que chacun soit chargé des soins à prendre pour ceux qu'il aime. Le travail ainsi réglé offrira un attrait de plus, puisque, payé comme tout autre, il sera récompensé en outre par la gratitude, par un surcroît d'affection.

Pourquoi ne parlerais-je pas ici de l'influence des sexes? Combien il est de femmes que nous n'avons jamais aimées d'amour, mais dont l'amitié nous est précieuse, auxquelles nous rendrions avec empressement les plus humbles services! Qu'y a-t-il donc de mauvais dans une disposition tendant à utiliser tous les ressorts que Dieu a mis en nous?

Ainsi se résout un problème que l'on n'a pas même osé poser : l'ABOLITION DE LA DOMESTICITÉ! Plus de domestiques, et cependant chacun sera servi avec zèle et intelligence par les groupes qui ont pris cette fonction par goût, et qui trouvent de grands avantages à la bien remplir.

Si d'une part la domesticité est une violation flagrante de la liberté et de la dignité de l'homme, d'autre part l'homme a besoin des autres pour son service personnel, aussi bien que pour la confection de ses vêtements, pour la construction de sa maison, pour la culture des champs qui le nourrissent, etc. Là se trouvait, pour ceux qui parlent sans cesse de liberté, de dignité, de droits de l'homme, un problème singulièrement difficile. Ils l'ont omis pour se tirer d'affaire, ils ont accepté la domesticité pour l'espèce humaine, comme leurs prédécesseurs, les anciens philosophes, avaient accepté l'esclavage.

Une série, principalement composée de femmes et de

petites filles, est chargée des soins à donner aux enfants en bas âge, qui sont élevés dans des salles parfaitement appropriées à cette destination, où tout est disposé pour que l'enfant, sans nuire aux autres ni à lui-même, puisse jouir d'une grande somme de liberté. La série fournit chaque jour une garde qui peut, la nuit, se retirer et dormir au poste, en plaçant dans chaque salle des sentinelles qui appelleraient à l'aide, s'il en était besoin ; elle est assez nombreuse pour que le tour de garde revienne rarement.

Cette série est en rapport avec le groupe de médecins chargés des maladies du bas âge, et surtout des soins hygiéniques à donner aux enfants.

L'allaitement artificiel perfectionné, employé conjointement avec l'allaitement naturel, donnera aux mères bonnes nourrices la facilité de ne se rendre auprès de leurs enfants qu'à des heures réglées. Elles suivront donc, sans inquiétude, les travaux des groupes dans lesquels elles sont enrôlées.

Toute mère, sans doute, si elle le voulait, garderait son enfant près d'elle, et se réserverait tous les détails de la première éducation. Mais ce cas ne saurait se présenter, même par exception ; car la mère la plus opulente ne pourrait entourer son fils de soins aussi éclairés, aussi efficaces que ceux qu'il recevra de femmes amies et non servantes des mères ; de femmes ayant fait, par vocation, une étude spéciale de l'enfance ; de femmes trouvant la satisfaction de leur ambition dans les bons résultats qu'elles obtiennent ; car cette série, de haute utilité, est largement payée en argent et en respect.

Et d'ailleurs, toute mère portée par l'Attraction à s'occuper de la basse enfance, s'enrôlera dans la série dont nous parlons et soignera son enfant avec les autres enfants de la Phalange.

Le nombre de femmes nécessaire aux soins domestiques, à la garde des enfants, étant restreint, la nature a donné à quelques femmes seulement du penchant pour ces occupations. Il serait facile de s'assurer qu'il en est ainsi, si la Société, qui frappe de réprobation tout caractère qu'elle ne sait pas utiliser, n'obligeait la femme à dissimuler ses penchants, à feindre les goûts souvent les plus opposés à son organisation.

Et même, malgré cette dissimulation forcée, quiconque a pénétré dans l'intérieur de la famille peut savoir que la plus tendre mère se débarrasse volontiers de son enfant en le confiant à des mercenaires ; qu'elle respire plus librement quand le sommeil de cet enfant lui permet de se livrer à des pensées, à des occupations moins fastidieuses. C'est que donner tous les instants de sa vie aux soins minutieux que réclame un enfant est un supplice, même pour la personne qui serait heureuse de consacrer périodiquement quelques heures à en diriger un très-grand nombre.

Fourier présente dans ses ouvrages une énergique réprobation du commerce civilisé, qu'il qualifie, à juste titre, *de commerce anarchique et mensonger*.

Le commerce doit mettre en rapport le producteur et le consommateur ; tel est son but utile. Mais, par lui-même, le commerce ne produit rien, il n'ajoute rien aux objets qu'il met en circulation. Il faudrait donc, dans l'intérêt général, réduire les agents commerciaux au moindre nombre, et reporter l'excédant à de plus fructueuses occupations.

Dans nos Sociétés, le contraire a précisément lieu : les agents du commerce se sont multipliés outre mesure ; rouage intermédiaire, n'ayant à remplir qu'un second rôle, ils ont usurpé le premier rang : ils absorbent à eux seuls la plus belle partie des bénéfices, une partie hors de toute proportion avec les services qu'ils rendent : ils tiennent le producteur sous leur dépendance, réduisent au plus bas prix le salaire du travailleur, et rançonnent le consommateur sans merci.

La libre concurrence, tant prônée par les économistes à courte vue, a largement contribué au mal. Par elle, les traficants se livrent une guerre acharnée, et, pour ne pas succomber, ils ne reculent devant aucun moyen, ils adoptent tous les expédients : ils sont philanthropes, et ils font la traite ; ils sont libéraux, et ils vendent des armes à tous les oppresseurs ; ils sont patriotes, et si le sort de la France se décide à coups de fusil dans les rues de la capitale, comme en 1830, ils suivent les chances du combat pour diriger leurs jeux de bourse, pour choisir entre la hausse et la baisse ; ils sont humains, et ils falsifient les produits, ils altèrent les denrées, les farines, les vins, les viandes ; ils empoisonnent au besoin, s'ils l'osent et s'il le faut pour mieux assouvir leur âpre avidité ; ils spolient le corps social de cent manières, par l'agiotage, l'accaparement, l'usure, la banqueroute, etc. ; ils trompent toujours, ils mentent toujours, et cependant le commerce, dans nos Sociétés corrompues, est la voie la plus sûre pour arriver à la richesse qui donne partout le premier rang.

Nous ne parlons ici que du commerce intermédiaire, qui consiste à acheter d'un côté pour vendre de l'autre. Le manufacturier, le fabricant, rentrent dans la classe des travailleurs productifs. Souvent, il est vrai, leurs fonctions sont compliquées des caractères et des vices du commerce proprement dit.

Nous savons bien que l'Humanité doit employer une fraction de sa force pour le transport des produits, pour mettre chaque chose à la portée du consommateur. Mais évidemment elle ne doit consacrer à ces soins que la force rigoureusement nécessaire ; tout ce qui dépasse ce minimum est pour la Société une perte réelle.

Il n'entre certainement pas dans notre pensée d'attaquer ni les classes ni les individus. Notre critique porte sur le milieu social, qui est coupable de placer l'homme dans une position dont il ne peut sortir avec bonheur pour lui et par le droit chemin.

Dans la Phalange, les rouages commerciaux sont simplifiés autant qu'ils peuvent l'être : une série est chargée des échanges, des achats, des ventes, des emmagasinements et de la distribution. Cette série, toujours divisée en groupes appliqués à chacune des parties de l'œuvre, ne consacre à ce service que le temps strictement nécessaire, et ne perd jamais un instant à attendre le consommateur. Les jours, les heures de distribution sont réglés, et la série payée par la Phalange n'a rien à gagner sur l'individu. C'est ainsi que les choses se passent déjà dans les magasins d'un régiment.

Les savants, les artistes, formeront pareillement des groupes et des séries. Les séries de science et d'art de toutes les Phalanges seront classées, rattachées à des centres qui se relieront eux-mêmes à un centre unique, où tout convergera, et qui rayonnera dans toutes les directions.

Cette disposition donnera des avantages immenses et fera marcher les sciences à pas de géant. Lorsqu'un savant, dans le silence du cabinet, aura découvert une loi, un principe nouveau, il exposera ses idées à ses associés pour les éclaircir par la discussion, puis il les fera parvenir au centre par la voie hiérarchique. Le centre, si la découverte demande la confirmation de l'expérience, communiquera la loi soupçonnée aux trois millions de Phalanges qui couvriront la Terre, et trois millions de séries d'expériences concordantes lui reviendront en peu de temps et porteront la lumière sur le point à constater.

La partie mécanique de la science, les calculs par exemple, calculs qui absorbent quelquefois une partie notable de la vie de l'homme de génie, seront exécutés avec une merveilleuse promptitude, d'une manière analogue, par les groupes spéciaux des calculateurs, pris dans la Phalange, dans la province, dans le royaume, etc., suivant le degré d'importance du travail. Des tables de logarithmes, contenant les nombres jusqu'à un million, et calculées à trente décimales, seraient faites à peu près dans le temps nécessaire pour établir la communication entre les Phalanges et le centre, puisque chaque Phalange n'aurait qu'un logarithme à calculer, même en demandant, pour vérification, chaque logarithme à trois groupes.

La série des médecins, divisée en groupes appliqués chacun à une spécialité, comme cela a lieu déjà dans les grandes villes, et pour le bien des malades, se reliera à tout ce qui exerce une influence un peu directe sur la santé, aux séries des cuisines entre autres. L'art d'approprier la nourriture aux tempéraments entrera dans les attributions des médecins, qui seront rétribués d'autant plus qu'ils réussiront mieux, c'est-à-dire qu'il y aura moins de malades, et leur intérêt sera mis en accord avec l'intérêt des masses.

Ainsi, pour tous les travaux la série ; la série opérant en séances courtes et variées, et satisfaisant à toutes les conditions capables de transformer le travail en plaisir.

Il est cependant des travaux d'une nature telle qu'il ne sera jamais possible d'y entraîner les hommes par un attrait direct. Ces travaux sont en petit nombre ; la puissance de l'Association, les progrès de la mécanique, sauront les réduire encore et rendre leur exécution moins pénible. Néanmoins la classe qui, par contrainte ou par besoin, devrait s'y consacrer, serait nécessairement une classe inférieure et déconsidérée, une classe de parias dont la présence rendrait vains tous les efforts tendant à établir l'harmonie au sein de la famille humaine.

Dieu a dû prévoir cet obstacle, et s'il aime l'accord et la liberté, il a dû ménager aux hommes un moyen naturel pour le surmonter : c'est ce moyen qu'il s'agissait de découvrir.

Une majorité des enfants mâles, une minorité des petites filles, sont, dans nos Sociétés, de *vrais diables*, de *mauvais garnements*. Brusques, décidés, volontaires, ils ne redoutent ni les taches, ni les déchirures, ni même les immondices : ils vont au but hardiment, et quand même, et par le plus court chemin !

Dieu a donc mis sur la Terre un grand nombre d'enfants pleins de courage et d'énergie, prêts à tout entreprendre si on sait les diriger et les soutenir par le point d'honneur. Au moyen de ces enfants, organisés en une corporation que Fourier appelle *la horde*, nous résoudrons le problème dont on s'inquiétait.

Ces enfants, avides de louanges, jaloux de se distinguer aux yeux de l'homme fait, d'entreprendre quelque chose d'utile, ne seront arrêtés par aucun obstacle, si pour prix de leur peine ils doivent recueillir les applaudissements des masses. Élevez, enthousiasmez l'âme de ces enfants, et si l'homme recule, appelez-les. Montrez-leur l'Harmonie en danger, le salut de tous compromis : offrez-leur ce travail, cette fatigue, ce dégoût que tous les autres refusent. La horde enfantine acceptera avec transport, parce que la horde va toujours en avant : parce qu'elle veut mériter les titres pompeux qui la décorent : parce qu'elle est *milice de Dieu* et *soutien de l'Unité*. Et c'est à peine si vous rétribuerez ses services ; ce qui la fait agir, c'est le dévouement : la récompense qu'elle veut, c'est la considération et l'honneur : c'est le pas sur toutes les autres corporations à la parade industrielle : c'est que tout étendard s'incline devant son étendard !....

La considération et l'honneur pour des fonctions

immondes?... Mais, que font donc ces nobles femmes, ces corporations religieuses qui se sont vouées aux infirmes des dernières classes de la Société? Évitent-elles une répugnance? S'arrêtent-elles devant un dégoût? Et ne sent-on pas pour elles une vénération profonde, en raison même de l'humilité des détails dont se composent les fonctions qu'elles ont acceptées?

Ce qui se passera dans la Phalange a lieu encore sous les yeux de tous, dans l'armée, dans un régiment en garnison. Là, il faut nettoyer et les écuries, et les cours, et les baquets, et ces travaux s'exécutent sans humiliation pour ceux qui en sont chargés. C'est que le soldat travaille pour tous et ne sert pas l'individu ; c'est qu'il n'est pas voué exclusivement à cette humble fonction : c'est qu'il donne une partie de son temps à des travaux nobles et guerriers ; c'est que le régiment est une série hiérarchisée, et qu'une hiérarchie bien assise a puissance de tout relever, de tout ennoblir. Aussi dans l'armée, et seulement dans l'armée, les chefs peuvent voir, sans être blessés dans leur orgueil, leurs fils placés dans la dernière classe et remplissant, sans exception, les charges les moins relevées attenantes à l'emploi (1).

Ainsi, en douant ces enfants d'un tel caractère, en

____

(1) L'armée offre certainement un bel exemple de la série, quoique dans l'armée le lien soit la contrainte et non l'Attraction.

leur inspirant l'audace et le dévouement, Dieu leur gardait une noble tâche! Il voulait faire d'eux les soutiens de l'Harmonie, le corps de réserve toujours prêt à marcher dès que l'accord et l'unité fléchiraient! Est-il donc mieux de croire que Dieu aurait organisé ces enfants dans le seul but de tourmenter les parents, les maîtres, les domestiques, de faire distribuer abondamment les remontrances, les menaces et les punitions?

Nous allons parler de l'éducation, et l'on verra, ce que l'on doit bien supposer d'ailleurs, que nous ne songeons pas à consacrer ces enfants à des fonctions répugnantes exclusivement, et sans souci de leur développement physique et intellectuel. Il ne faut que peu de temps pour les travaux de cette nature : chaque enfant de la horde aura, tous les deux ou trois jours, quelques quarts d'heure à peine à y donner, après quoi il reparaîtra au milieu de ses compagnons, pour les études et les travaux de la journée.

§ IV. *Éducation.*

Que deviendront les enfants dans cette Société de travailleurs? comment seront-ils élevés? qui s'occupera de leur développement moral et intellectuel ? Il est temps de songer à ces importantes questions.

Dans sa recherche de l'éducation naturelle, Fourier,

comme toujours, prend pour boussole les Attractions mêmes de l'enfance; comme toujours, en Civilisation, c'est le contre-pied de l'impulsion de la Nature que l'on a suivi.

L'enfant aime le grand air, la liberté, le mouvement, l'action : on l'enferme, immobile pendant de longues heures, pour n'agir que sur son intelligence et par les plus déplorables moyens! L'enfant déteste la théorie, abhorre la science écrite : on le bourre de mots, on lui charge la tête de phrases qu'il ne peut comprendre; on lui fait traîner son boulet de grammaires, de dictionnaires, de livres qui lui sont profondément antipathiques.

Pauvre enfant! il ne s'agit pas de l'exercice de tes membres, de ton développement physique; il ne s'agit pas de faire de toi un homme sain, robuste, énergique, capable de grandes choses comme tout homme complet (1)! Non : il faut comprimer les élans de ta bonne nature, les ressorts de ta vie qui déborde; il faut avant tout te plier à l'étude, te garnir la cervelle de phrases bien souvent veuves d'idées; il faut que l'on puisse dire,

(1) On parle beaucoup, on s'inquiète des enfants de la classe pauvre, on veut régler, abréger le temps pendant lequel ils travaillent dans les manufactures. Pourquoi donc oublie-t-on les enfants de la classe aisée, le travail dans les colléges et ses désastreux effets? Pourquoi ne détermine-t-on pas un *maximum* au temps pendant lequel il est permis de faire pâlir un enfant sur les verbes et sur les *pensum* ?

quand, ne sachant que faire de ce qu'on t'aura appris, tu commenceras à oublier : voilà une éducation terminée!

L'éducation phalanstérienne, nous en faisons l'aveu, n'a aucun rapport avec l'éducation dont nous venons de parler. Son but est d'aider au développement intégral de toutes les facultés physiques et intellectuelles de l'enfant, de faire de lui tout ce qu'il peut être, de ne perdre aucune de ses vocations, germes précieux que Dieu a déposés dans son organisme. Et pour atteindre ce résultat, pour faire de l'enfant un être complet, l'éducation phalanstérienne ne se croit pas en droit de le violenter, de le contraindre. Elle le livre à toutes ses tendances ; seulement, à chaque passion qui paraît, elle offre un emploi utile qui la satisfait et ne lui laisse aucun loisir pour chercher son essor dans une mauvaise voie.

Les enfants forment entre eux deux grandes corporations, deux séries générales. La première, dont nous avons déjà parlé, la *petite horde*, composée des enfants les plus décidés, se chargeant par dévouement, par orgueil, de tout travail auquel l'homme répugne, et qui, par conséquent, mettrait en péril l'Unité sociale. La seconde série, la *petite bande*, formée d'une majorité de petites filles, renfermant les enfants doux, polis, soigneux, aimant la parure et le raffinement, se charge des soins de propreté et de luxe les plus minutieux.

C'est la petite bande qui doit orner de fleurs, embellir, disposer de la manière la plus agréable les lieux de réunion, les promenades, les routes, le territoire de la Phalange. On sait combien le goût de ces choses est naturel à certains enfants.

Il y a rivalité entre la *horde* et la *bande :* les deux séries concourent au bon ordre, l'une en enlevant ce qui peut choquer, l'autre en apportant ce qui peut plaire : par le ton, les vêtements, le langage, en toute chose enfin, les deux corporations sont en contraste.

Ce *contraste*, qui se fait sentir dès l'enfance, persiste à tous les âges de la vie. *Les uns*, dit Fourier, *vont au beau par la route du bon ; les autres vont au bon par la route du beau.* Ce contraste n'est pas une opposition ; les uns et les autres arrivent au même but, au bien qui a deux aspects, le bon et le beau.

Chaque série d'enfants est échelonnée en groupes distingués par l'âge et la valeur de ses sectaires. L'ambition de l'enfant le porte à s'élever sur cette échelle, à passer au degré supérieur. C'est l'impulsion naturelle : l'enfant, assez indifférent aux actes d'un homme fait, suit attentivement l'enfant un peu plus âgé que lui, l'admire, cherche à l'imiter. Les succès de ce camarade sont ses trophées de Miltiade, qui l'empêchent de dormir.

Pour être admis dans ce groupe supérieur qui fait l'objet de son envie, qui porte des décorations plus brillantes, des titres plus pompeux [1], l'enfant doit se montrer digne d'être reçu. Pour cela il subit des épreuves ; il est examiné sous les rapports de l'intelligence et de l'adresse : il a pour juges ses camarades, qui, chacun le sait, sont des juges sévères et impartiaux. Et comme l'enfant ne figure pas seulement dans la horde ou dans la bande, séries qui sont dissoutes comme les autres quand leurs travaux sont terminés, l'enfant doit présenter, suivant son âge, un certain nombre de brevets de capacité et d'admission dans les groupes de travailleurs où il a dû s'enrôler : car, nous l'avons dit, dans toute industrie on réserve à l'enfance les détails qui sont à sa portée.

Si l'enfant échoue à une première épreuve, il pourra bien aller bouder ou pleurer auprès de ses parents, et ceux-ci, s'abandonnant à l'impulsion naturelle, chercheront à l'encourager, à le consoler : ils le *gâteront ;* mais cette fois sans danger, car le bambin comprend que, pour réussir, il ne suffit pas de l'approbation des siens, qu'il faut celle de ses compagnons. Il cherche donc à obtenir leur suffrage en s'en rendant digne, parce que ceux-ci du moins s'émeuvent assez peu de toutes les *pleurnicheries.*

____

(1) Dans la Phalange, les grades, les titres, les décorations, sont très-multipliés. Toutes ces choses plaisent à l'enfant, elles plaisent encore à l'homme fait; il ne faut rien négliger de ce qui peut renforcer l'attrait que doit présenter le travail.

C'est ainsi que . l'enfant s'élèvera d'échelons en échelons, passionnément conduit par les enfants des groupes supérieurs, vertement critiqué et redressé par ses camarades quand il y donnera lieu, gâté et caressé par ses parents, près desquels il se sentira toujours heureux, parce que là il ne trouvera que bonté, indulgence et amour.

Pour initier l'enfant à l'industrie, pour l'introduire dans les groupes de travailleurs, pour reconnaître et développer. ses aptitudes, un des membres de la série chargée de *l'éclosion des vocations* conduit l'enfant dans les ateliers pour qu'il voie et qu'il admire.

Là l'enfant trouve tout ce qui peut le séduire, tout ce qu'il désire avec passion. On lui présente des outils en miniature, des instruments en rapport avec sa taille, on lui montre ses camarades un peu plus âgés, faisant déjà des choses dont on parle en termes pompeux.

Bientôt l'enfant demande à exécuter quelques travaux : il implore, il supplie. Enfin on cède à ses désirs, on lui confie quelque détail facile auquel on le laisse assez peu de temps pour ne pas le fatiguer, puis on le conduit ailleurs. Chaque jour on agit de même, et après un certain temps l'enfant aura essayé de beaucoup de choses, il en aura abandonné plusieurs, il se sera fixé à celles qui sont réellement dans ses aptitudes.

Pour apprendre, il portait en lui un guide fort irrationnellement dédaigné en Civilisation, la *singerie* ou *manie imitative.*

Ainsi l'on a suivi l'indication naturelle en faisant passer fréquemment l'enfant d'une occupation à une autre, en offrant d'abord un emploi à ses facultés physiques, à cette activité que l'on combat vainement en Civilisation, où elle pousse l'enfant au désordre, parce qu'il ne peut l'appliquer au bien.

Ainsi l'enfant a pris rang dans la bande ou dans la horde, et dans une vingtaine de travaux domestiques, agricoles, industriels ; ainsi il se trouve placé dans des circonstances parfaitement convenables pour le complet développement de ses facultés physiques, pour l'affermissement de sa santé.

Quant au développement intellectuel, ne voit-on pas déjà que l'enfant, engagé dans une vingtaine d'industries, perçoit plus d'idées, par ce qu'il fait et par ce qu'il voit faire, qu'il ne peut en retirer de l'éducation civilisée, où la théorie ne se grave jamais dans l'intelligence par la pratique [1].

____

(1) *La théorie !...* Et encore y a-t-il bien rarement instruction théorique dans le mode d'enseignement en usage aujourd'hui. Ce que l'homme doit étudier, c'est la nature : nature inorganique, nature organique, nature passionnelle, rien ne doit échapper à ses investigations. Mais la nature seule est digne de fixer son attention, et l'homme s'égare dès qu'il se jette dans un ordre d'idées

Et puis, laissez agir l'Attraction : par elle l'enfant atteindra à toutes les sciences auxquelles il est apte ; il y atteindra, quelle que soit la voie par laquelle il est entré dans l'industrie.

Ainsi l'enfant s'est engagé dans un groupe de

sans bases fixes dans les lois naturelles qui sont l'expression de la volonté de Dieu.

Quand l'homme étudie sous un aspect quelconque les phénomènes de la nature, même sous l'aspect matériel (quoi qu'en disent d'innocents phraseurs qui savent des sciences exactes jusqu'à la division exclusivement), son imagination s'enflamme, son intelligence s'élève ; il parvient à comprendre ce qu'est une loi, il la voit dans son unité de principe, il la suit dans ses innombrables modifications, il en admire la haute sagesse : il parvient ainsi à la conception de l'ordre universel, au sentiment de l'infini, à de justes pensées sur Dieu.

Mais, depuis que la science des augures est tombée, combien de sciences de pure convention, nécessaires quelquefois par suite de la fausse organisation des Sociétés, ont usurpé la place des sciences vraies et accaparé les forces intellectuelles de l'homme. L'art héraldique ne fleurit plus dans nos contrées, mais notre jeunesse dorée ne doit-elle pas se livrer à de hautes pensées sur la théorie du mur mitoyen, à de profondes méditations sur le code de procédure, à de savants calculs sur l'art d'acheter 4 pour revendre 8 : sans parler des langues mortes qu'on lui enseigne afin qu'elle les oublie ; de la politique où il est facile de devenir fort, puisque, quelque opinion qu'on émette sur quelque sujet que ce soit, on est certain d'avoir toujours pour soi un parti avec ses *grands hommes*, ni enfin de la diplomatie, que je ne me prétends pas capable de définir.

N'est-il pas évident que ces sciences *morales* doivent élever le cœur bien autrement qu'une science *matérielle* comme l'astronomie, qui découvre à nos yeux des myriades de mondes savamment coordonnés, et nous force à concevoir que cet ensemble illimité de Soleils et d'Univers ne forme pas même un atôme dans l'œuvre du Créateur !

maçons [1], il est porté à s'occuper des qualités physiques, chimiques, géologiques des calcaires propres à donner des chaux de bonne qualité. Les routes qui conduisent à plusieurs sciences lui sont donc ouvertes, il marchera dans celles qui conviennent à ses vocations.

Un autre, apprenti cordonnier, désire connaître les conditions qui donnent de bons cuirs. Il touche d'une part à la tannerie et à la chimie, d'autre part à l'éducation des bestiaux. Partout et pour tous, les amorces qui doivent les initier aux sciences se présentent sous mille formes, et tous vont jusqu'où ils peuvent aller.

Poussé par la curiosité, par le désir de s'élever, par l'émulation, l'enfant sentira bientôt la nécessité de s'occuper des sciences dont les principes lui manquent dans les travaux pratiques, et de lui-même il se rendra aux cours théoriques qu'il est toujours libre de fréquenter.

Ces cours seront assez multipliés pour que l'enfant

[1] Mon fils maçon !!.. — Et pourquoi pas, Madame ? Pourquoi n'irait-il pas là, si vous l'abandonnez à l'Attraction ? N'avez-vous jamais remarqué que Monsieur votre fils se plaisait à laver la vaisselle avec votre cuisinière ; à porter le bois avec votre portier ; à cirer les souliers avec votre décrotteur. L'enfant est trop nouvellement sorti des mains de la Nature pour éprouver un aristocratique dédain pour certaines fonctions. Une vocation industrielle, quelle qu'elle soit, donne une valeur de plus à celui qui en est doué, dans une Société où l'exercice de cette vocation ne s'oppose au développement d'aucune faculté. Une vocation quelconque comprimée est une mutilation de l'homme !!..

puisse choisir précisément la partie de la science qu'il désire connaître ; car on donnera toute liberté de se présenter pour instruire les autres, à quiconque se croira quelque supériorité, ne fût-ce que sur un détail de la pratique ou de la théorie. Ainsi l'enseignement se subdivisera en parcelles, et le corps enseignant formera une série très-nombreuse. La liberté de professer n'engendrera d'ailleurs aucun abus, parce que chacun sera payé lorsque ses cours seront suivis et proportionnellement au nombre de ses auditeurs [1].

L'éducation harmonienne, unitaire en principe, sait s'approprier, comme on le voit, à chaque caractère, se plier à tous les détails de chaque individualité : elle va chercher toutes les facultés de l'homme pour les développer harmonieusement.

Fourier attache une haute importance à l'éducation des sens, en y comprenant le goût [2]. C'est parce que

(1) Les cours faits dans une Phalange suffiront à la majorité. Quant aux hommes qui sont appelés à s'occuper spécialement des sciences et des arts, ils iront perfectionner leur éducation dans les villes, dont nous parlerons au chapitre suivant.

(2) Plusieurs se sont révoltés de ce que Fourier veut que tous les hommes soient délicats et connaisseurs en toutes choses, même en bonne chère. Pourquoi donc ne prêchent-ils pas qu'il est moral de cultiver grossièrement, en se gardant bien de chercher à obtenir des produits perfectionnés ? Car enfin, s'il est bien de ne pas savoir distinguer un fruit savoureux d'un fruit médiocre, il est mal de chercher à obtenir de beaux produits, que les gens vicieux seuls seraient capables d'apprécier.

les sens raffinés seront bons appréciateurs des produits de l'industrie, que les travailleurs sentiront le besoin de se distinguer en raffinant aussi dans leurs travaux. Cette tendance à la perfection peut seule faire naître une émulation nécessaire pour que le travail attrayant soit exercé par passion.

Le raffinement des sens, joint à la culture de l'extérieur, introduira dans la Phalange un ton, des manières, un langage unitaires, sans lesquels l'union ne serait pas complète entre les classes riches et pauvres, qui se heurteraient par la forme, quoique devenues sympathiques par le fond.

La partie artistique de l'éducation se fera dans des salles destinées aux exercices gymnastiques et chorégraphiques, à la danse, à la musique, à la déclamation, au moyen de représentations théâtrales, auxquelles Fourier a conservé le nom d'OPÉRA, en élargissant la signification du mot.

Chacun, dès l'enfance, fera partie de quelques-unes des séries dont l'opéra se compose, et chaque Phalange possédera par le fait un théâtre pompeux desservi par 1,800 artistes.

Si l'on est tenté de rire de cet opéra de village, qu'on veuille bien penser qu'il se recrute sur 1,800 personnes complétement développées sous le rapport artistique comme sous tous les autres, et que, par conséquent, il y a plus de chances pour avoir des artistes distingués dans chaque Phalange, qu'il n'y en a pour les théâtres réunis de la France entière, théâtres qui se recrutent sur une masse aussi peu nombreuse, et composée d'individus qui sont loin d'avoir reçu, dès le bas âge, une éducation complète.

Le théâtre perdra d'ailleurs toute immoralité, et par le choix des représentations, et par le caractère des artistes qui y figureront. Il offrira un puissant intérêt et sera suivi avec passion, ce genre de plaisir convenant à tous, jeunes et vieux.

L'éducation morale se fera à l'église. Là seront exposées les vérités religieuses, les grandes synthèses! Là se dérouleront aux yeux de l'enfance toutes les harmonieuses lois de la nature, toutes les merveilles de la Cosmogonie! Là le cœur s'élèvera à de hautes pensées sur l'Unité universelle, à de profonds sentiments de gratitude envers Celui qui, dans sa sagesse infinie, dans son inépuisable bienfaisance, a mis tous les biens, tous les bonheurs, à la portée de tous les êtres!

Ainsi l'enfant recevra l'éducation professionnelle et intellectuelle dans les ateliers et aux cours théoriques; ses facultés physiques et artistiques se développeront dans les exercices de l'opéra; son âme s'ouvrira à l'église par un haut enseignement moral et religieux:

ainsi aucune des faces de la nature humaine ne sera négligée, et tous seront conduits au point le plus élevé où il leur est donné d'atteindre.

Et tout en s'initiant aux sciences, aux arts, à l'industrie, l'enfant, utilisant cette prodigieuse activité qui est en lui, produira, dès le bas âge, au delà de ce qui est nécessaire à ses besoins, et ne sera jamais une charge pour sa famille ou pour la Société.

L'enfant d'ailleurs n'aura jamais été privé du droit naturel de choisir la route où le poussaient ses aptitudes : en lui laissant sa liberté, on aura résolu le problème, autrement impossible, de décider qui du père ou de l'État doit être maître de l'enfance et diriger l'éducation.

§ V. *Répartition des bénéfices.*

Nous arrivons à la question de la répartition des bénéfices, et nous avons à prouver que le milieu réformé est tellement harmonique, qu'il produira l'accord même sur un point qui partout ailleurs ferait discorder toutes les individualités, mettrait tous les égoïsmes à nu.

Par ce mot, bénéfice, nous entendrons tout ce qui récompense les services rendus, les honneurs, les grades, les titres et décorations, l'influence et le pouvoir aussi bien que l'argent.

La justice exige que chaque travailleur soit consulté pour cette répartition ; quiconque fait quelque chose pour la Société, doit avoir sur la direction à donner à cette Société une part d'influence proportionnelle à la valeur de ses actes.

. Ainsi nous voulons le *suffrage universel !* Mais qu'on ne craigne pas de nous voir tomber dans cette confusion où tendent les *réformistes* politiques, où sont déjà suffisamment plongés les états constitutionnels et républicains. Si l'équité exige que tous soient consultés, le bon sens fixe exactement la limite de ce droit, en prescrivant de ne demander à chacun son avis que sur les choses qu'il connaît, qu'il pratique, et de peser cet avis au poids de la valeur de celui qui l'émet.

Nous avons donc à montrer que, dans la Phalange, tous exerçant leurs droits dans la sphère même de leur compétence et de leur capacité, *peuvent* prononcer, s'ils veulent, dans le sens de l'équité et de la raison ; nous établirons ensuite que le travailleur qui *pourra être juste, sera directement intéressé à l'être, et qu'il voudra l'être.*

Il faut se le rappeler : dans la Phalange, les individus forment des groupes, les groupes forment des séries de

1er. degré, les séries du 1er. degré forment des séries de 2me. degré, etc.

Ainsi, dans l'armée, les escouades ou *groupes* forment des compagnies, les compagnies des bataillons, les bataillons des régiments, les régiments des brigades, etc. Seulement, dans la Phalange, le même travailleur fait partie de plusieurs groupes, figure dans plusieurs séries.

L'élection commence dans le groupe. Les membres des groupes se distribuent les titres, honneurs et grades, nomment leurs chefs, officiers et sous-officiers.

Les chefs de tous les groupes d'une même série du 1er. degré se réunissent ensuite pour choisir les chefs de cette série. Les chefs des séries inférieures nomment de même les chefs des séries supérieures, et enfin les chefs des séries les plus élevées nomment les chefs ou gérants de la Phalange [1].

Ce mode d'élection satisfait bien à la première condition posée : consulter chacun, mais seulement sur les choses qu'il connaît. Les travailleurs d'un groupe qui se trouvent périodiquement à l'œuvre jugent sainement de leurs mérites réciproques sur la chose que tous pratiquent et pratiquent sous les yeux de tous ; de

---

[1] Ce mode d'élection n'est pas absolu; il varie suivant la spécialité de la fonction à conférer; il y a même des fonctions qui se transmettent héréditairement, comme nous l'expliquerons dans le chapitre suivant.

plus, à mesure que l'on s'élève sur l'échelle hiérarchique, à mesure qu'il s'agit d'intérêts plus généraux,
les chefs, soumis à de nouvelles épreuves, choisis par
une masse de plus en plus éclairée, offrent toute garantie d'aptitude aux fonctions qui leur sont confiées.
C'est que, par cette élection en plusieurs degrés, les
électeurs et les élus n'étant jamais qu'à un pas l'un de
l'autre, peuvent toujours se comprendre et s'apprécier.

Chaque travailleur, ayant à voter dans tous les
groupes dont il fait partie, voit son influence s'accroître
avec le nombre des choses dont il s'occupe ; de plus,
sur chacune de ces choses, son influence est en raison
de sa capacité, puisque, suivant son mérite, il est
appelé à agir, ou simplement sur l'intérêt des groupes,
ou sur les intérêts moins restreints de la série, ou
même sur les intérêts de la Phalange entière.

C'est ainsi que sont distribuées les récompenses en
honneurs et grades. Les bénéfices pécuniaires seront
répartis par le même procédé.

La gérance de la Phalange, constituée comme nous
venons de le dire, prélèvera d'abord, sur le produit
annuel, la somme destinée à couvrir les dépenses
communes : 1°. les impôts, dont le recouvrement se
fera de la manière la plus simple, sans frais de perception, sans ce contact immédiat, si souvent irritant,
entre les agents du fisc et les individus ; 2°. toutes les
choses que la Phalange tire du dehors, tout ce qu'elle

ne doit pas au travail de ses groupes, en approvisionne-ments, en entretien des constructions, des instruments, en bien-être, en agrément, en plaisir, etc.; 3°. la ré-serve pour les travaux de l'année suivante, etc.

Cette première somme prélevée, le reste sera divisé en trois parties, destinées à rémunérer chacune des facultés productives, *capital, travail, talent.*

Ces trois parts seront divisées entre les séries, les groupes et les individus, en descendant l'échelle hiérar-chique dont nous avons donné la constitution. Chaque travailleur, outre les intérêts de ses actions, pourra toucher dans tous les groupes dont il fait partie une somme destinée à payer son travail et une autre somme devant récompenser son talent.

L'intérêt du capital étant arrêté, il n'y aura pas de difficulté pour le répartir entre ceux qui posséderont des actions.

Le travail étant payé non-seulement d'après le temps qu'il demande, mais encore proportionnellement à la difficulté de son exécution et à son utilité, il y aura à fixer d'abord les droits de chaque groupe sur la seconde part. Chaque groupe ayant reçu ce qui lui revient, la somme sera répartie entre les travailleurs en propor-tion du temps donné par chacun d'eux au travail des groupes, temps qui sera connu par le relevé des re-gistres où l'on aura inscrit, à chaque séance, le nom des membres présents et le temps pendant lequel ils ont fonctionné. Si l'un des travailleurs, dans le même temps, fait notablement plus d'ouvrage que les autres, il a droit à une récompense sur la part destinée à rémunérer le talent.

Cette troisième part sera divisée entre ceux qui se sont distingués d'une manière quelconque; qui ont mérité des titres, grades, honneurs, qui ont brillé par leur force, leur adresse, leur activité, leur intelligence.

Quant à ceux qui ont inventé ou perfectionné, le résultat de leur travail devant servir non-seulement à la Phalange, mais à l'Humanité entière, c'est de toutes les Phalanges qu'ils recevront la récompense méritée.

Un ingénieur introduit un perfectionnement à la charrue. Sa Phalange profite la première de l'invention qu'elle paie en votant une somme minime, un décime par exemple. La découverte se propage, toutes les Phalanges du Globe l'adoptent successivement, si elle est avantageuse, et toutes votent de même une récompense à l'inventeur. Si un décime est la moyenne des sommes votées, l'ingénieur touchera des 3,000,000 de Phalanges une somme de 300,000 fr. Les travaux d'art, de poésie, de littérature, sont récompensés de la même manière.

Ce mode remplace avec mille avantages la coutume des brevets. L'Humanité profite le plus promptement possible de toute découverte, et l'inventeur obtient toujours une récompense proportionnée au mérite de son invention.

La cabale, l'esprit de coterie et de localité, seront impuissants pour donner de la vogue à une découverte sans valeur, à une œuvre médiocre. Si, au théâtre de sa Phalange, un poëte obtient par les menées de ses amis un succès non mérité, s'il réussit encore auprès des Phalanges voisines où il peut être connu et aimé, son œuvre n'ira pas loin sans tomber, et il recueillera quelques centimes, à sa grande confusion et à la confusion des Phalanges qui l'auront applaudi.

Si, au contraire, le poëte ou inventeur était injustement éconduit d'une Phalange, il en appellerait au jugement des autres, et obtiendrait bientôt justice.

Tel est le mécanisme de la répartition : mais il reste à expliquer comment les droits réciproques du capital, du talent, du travail et de chaque nature de travail en particulier, seront garantis suivant l'équité et d'un commun accord.

Dans une Phalange, le problème de la répartition peut prendre la forme d'un problème d'arithmétique que voici :

Dans l'intérêt général, auquel sont liés tous les intérêts particuliers, quels sont les travaux domestiques, agricoles, industriels, que la Phalange doit entreprendre? Quel développement doit-elle donner à chacun d'eux? Combien, par conséquent, de bras, d'intelligences, de capitaux, doit-elle y attirer?

Le problème ainsi posé, il est évident que tous sont intéressés à en trouver une bonne solution, et cette solution est la solution du problème de la répartition.

En effet, les travailleurs, libres dans leur choix, se sont groupés d'une manière qui peut n'être pas absolument conforme à ce que l'intérêt général eût fait décider.

Pour rétablir l'équilibre, rappeler les travailleurs aux points où ils manquent, pour les éloigner des groupes où ils sont surabondants, la Société possède un moyen, la répartition.

En diminuant la somme affectée au travail d'un groupe, elle éloigne les plus tièdes et réduit le nombre des travailleurs. Par le moyen contraire, elle rappelle les travailleurs au groupe délaissé. Elle arrive ainsi, après quelques tâtonnements, à cet équilibre dont on a senti la nécessité.

Il n'y a donc rien d'arbitraire dans la détermination de la somme affectée à chaque groupe, puisque cette somme dépend du nombre des travailleurs dont ce groupe a besoin. Dans le groupe, la somme est répartie justement suivant le mérite de chacun.

Si un groupe était injuste envers ceux qui l'ont servi avec le plus d'efficacité, les travailleurs les plus capables abandonneraient le groupe ingrat, et tous souffriraient de leur injustice, plus encore que celui qu'ils auraient blessé.

L'organisation phalanstérienne *permet seule* au travailleur de résister à l'injustice d'une majorité. Partout ailleurs, celui qui ne sait qu'un métier, qui n'a qu'une fonction, doit s'y maintenir, s'il ne veut pas compromettre gravement sa position. Mais dans la Phalange, le travailleur, sans en souffrir sensiblement, peut abandonner une des trente fonctions qu'il exerce; et même il ne perdra rien, s'il se présente à un groupe dont les occupations ressemblent à celles du groupe dont il vient de sortir. Il y sera accueilli avec joie et reprendra bientôt le rang qui lui est dû.

Il n'est pas à craindre que l'amour-propre donne à certains travailleurs des prétentions exagérées. Celui qui, s'estimant plus qu'il ne vaut, se croirait méconnu et se retirerait mécontent, serait bientôt obligé de comprendre que d'une part on ne s'est pas aperçu de son absence, que d'autre part nul ne s'est empressé de le recueillir.

L'intérêt des actions résultera de même de la nature des choses; il augmentera lorsqu'il faudra appeler le capital, il diminuera quand le capital sera surabondant.

Le capitaliste pourra s'assurer un revenu fixe en prêtant directement à la Phalange. S'il préfère courir les chances d'un bénéfice variable, il l'engagera dans les entreprises particulières des séries et des groupes. Les capitaux, d'ailleurs, seront inégalement traités : de grands avantages seront faits aux premières épargnes des travailleurs, afin d'encourager l'esprit d'ordre et d'économie.

Fonctionnant dans un grand nombre de groupes et de séries, un travailleur ne peut figurer partout au dernier rang. S'il est soldat ici, là il sera capitaine et aura sous ses ordres ceux qui lui commandaient ailleurs. Il pourra donc avoir, sur les hommes les plus éminents, une supériorité relative qui ne blessera ceux-ci en aucune manière, et qui sera, pour son amour-propre, une grande satisfaction, quelque insignifiante d'ailleurs que soit cette supériorité. C'est que nous attachons toujours une haute importance aux choses où nous excellons, c'est que le caractère de notre ambition est nécessairement en rapport avec la nature et la portée de notre intelligence (1).

Ainsi tous ces travailleurs, développés intégralement par une éducation complète, *auront des prétentions fondées sur la part destinée à récompenser le talent.*

(1) Dans nos Sociétés, nous voyons certaines professions peu libérales exalter outre mesure l'orgueil de ceux qui s'y distinguent. Ainsi les maîtres d'armes, de danse, d'écriture, se montrent en première ligne parmi les hommes les plus satisfaits de leurs talents.

Le travail sériaire donnant de grands bénéfices, les plus pauvres gagneront au delà du nécessaire, et feront facilement quelques économies au moyen desquelles ils prendront des actions. Les avantages accordés aux petits capitaux favoriseront ce résultat.

A des degrés différents, *tous seront donc capitalistes.*

Le travail étant transformé en plaisir, les riches comme les pauvres seront entraînés à l'industrie.

Tous seront travailleurs.

Le bénéfice d'un individu sera donc fractionné en un grand nombre de lots à toucher, dans tous les groupes dont il fait partie, et pour chacune de ses facultés productives. Dans la discussion qui s'établira sur la fixation de l'un de ces lots, le travailleur ne peut, montrer autant d'avidité et d'aveuglement que s'il s'agissait à la fois de sa fortune entière, d'autant plus qu'en favorisant injustement une de ses prétentions, il se nuit à lui-même dans tous ses autres droits. En outre, dans presque toutes les séries de la Phalange il se trouve des gens qu'il affectionne : une femme, des enfants, des parents, des amis ; et il aurait bien quelque difficulté à combiner ses votes de manière à satisfaire, en même temps, et son intérêt égoïste, et l'intérêt de ceux qui lui sont chers (1).

____

(1) Nous devons mentionner encore une dernière ressource, dans le cas extrême où l'obstination d'un individu se prétendant lésé dans

Il ne faut pas craindre que la rivalité qui existera entre les séries et les groupes engendre la haine et le désir de nuire. Cette rivalité diffère essentiellement de celle qui divise aujourd'hui les gens de même profession. Un groupe a intérêt à dépasser ses rivaux, en s'élevant au-dessus d'eux, mais non en les faisant descendre. Un triomphe obtenu par ce dernier moyen serait payé trop cher, puisque, par l'abaissement d'un de ces groupes, la série entière ayant perdu de sa valeur, le groupe victorieux lui-même aurait un moindre dividende à toucher, une moindre gloire à recueillir.

C'est ainsi que dans l'armée, seul exemple que nous ayons d'une série quelque peu régulière, les rivalités de compagnies se taisent quand il s'agit de l'intérêt du régiment, les rivalités de régiments s'effacent quand il faut songer à l'armée. Dans la Phalange, il faut le remarquer encore, par l'alternat des travaux, les hommes qui étaient tout à l'heure en lutte passionnée

la répartition donnerait naissance à un débat scandaleux. Alors la horde interviendrait, parce que l'Unité serait en péril ; alors l'enfant chef de cette corporation irait puiser au trésor de la horde la somme objet de la réclamation, et la remettrait au récalcitrant. Celui-ci serait obligé d'accepter l'argent et la honte, juste punition de sa cupidité. Qui doute du sentiment parfait de dignité, de convenances, avec lequel l'enfant, élu par ses camarades comme le plus capable, remplirait cet acte de généreuse intervention ?

se rencontreront bientôt dans une même fonction, pour une même tendance, de sorte que les rivalités corporatives ne prendront jamais un caractère individuel.

Ces explications étaient nécessaires pour des hommes qui, vivant en Civilisation, sont habitués à voir partout et toujours l'intérêt superposé à tous les sentiments, l'intérêt toujours consulté et toujours écouté! Mais en sera-t-il ainsi dans la Phalange?

Là, le travail étant attrayant, il ne sera plus nécessaire d'y contraindre les hommes, qui, travaillant par passion, seront affranchis du joug même de la nécessité par la certitude de jouir constamment, quoi qu'il arrive, d'un *minimum* fort décent en vêtement, logement, nourriture, place dans les voitures publiques, etc., de manière à ce que tous puissent aller vivre où ils voudront avec ce minimum [1]. Le minimum sera assuré même dans le cas du refus de travailler (ce cas ne peut être qu'une anomalie provenant d'un dérangement des facultés) [2]. La Société se chargera en outre des en-

---

[1] Chacun ayant droit à ce minimum en toutes choses, la Société le fournira à frais communs, et chacun n'aura à payer de sa bourse que ce qu'il demandera au delà du minimum.

[2] Celui qui voudrait se retirer des groupes de travailleurs dans l'espoir d'arriver à une découverte, de produire un bon ouvrage, etc., serait en position de le faire, en se contentant du minimum, dans le cas où il n'aurait pas encore fourni des preuves de capacité qui lui ouvriraient un large crédit.

fants qui ne peuvent encore travailler, des vieillards et des infirmes qui ne peuvent plus le faire, de sorte que nul ne s'inquiètera de l'avenir, ni pour lui, ni pour les siens.

La perte absolue de la fortune, malheur en Civilisation plus cruel que la mort, ne serait qu'un chagrin fort médiocre dans la Phalange, où celui qui en serait atteint ne descendrait pas de sa position sociale, puisque, conservant ses rangs et ses grades dans les séries, il continuerait le même ordre de relations. Aussi chacun se trouvant en possession d'un bien inappréciable, totalement inconnu dans nos Sociétés, *l'insouciance (absence de soucis)*, l'âme ne sera plus desséchée par l'inquiétude, et, dans un tel milieu, les hommes, unis par tous leurs intérêts, liés par des services réciproques, trouvant partout bienveillance et affection, s'abandonneront à tous les sentiments généreux et désintéressés qui se montrent encore parmi nous dans la première jeunesse, mais qui bientôt sont étouffés par une juste défiance de l'avenir, par les cruels soucis de la famille, *atra cura*.

Ne sent-on pas combien, dans cette Société, le problème de la répartition serait facilement résolu, quand même tous ne seraient pas directement intéressés à en décider équitablement?

§ VI. *Propriété.*

C'est ici le lieu d'aborder une question que la science doit résoudre, si elle veut prévenir les commotions dont la Société est menacée; une question qui, demain, peut abandonner les brochures, les livres, les journaux où elle est restée jusqu'à ce jour, pour descendre en armes dans la rue et se développer à coups de fusil. C'est la question de la propriété, la question des droits réciproques du capital et du travail, droits également légitimes et qui doivent être respectés à un égal degré.

Dominés toujours par cet esprit de simplisme dont nous avons cité plusieurs exemples, les uns, se préoccupant des intérêts du propriétaire, ont refusé au travailleur toute espèce de droit; les autres, sentant que nul ne doit dépendre, pour vivre, du bon plaisir d'autrui, ont déclaré illégitime toute propriété. Tant que les uns et les autres ne sortiront pas de cet exclusivisme, tant qu'ils persisteront à joindre à des affirmations qui sont justes et qui peuvent se concilier, la négation inique du droit qui leur paraît opposé au leur, ils n'aboutiront qu'à la violence; et la violence, si elle peut conduire, par l'écrasement d'un parti, à un équilibre factice et précaire, est impuissante à engendrer un ordre stable, un accord définitif.

Souvent en butte aux attaques des deux camps, attaques qui se neutralisent l'une par l'autre, l'École sociétaire, à plusieurs reprises, a formulé sa théorie du droit de propriété; nous allons la reproduire en peu de mots.

Dieu a fait à l'espèce humaine un présent digne de sa magnificence; il lui a donné la Terre! La Terre splendidement éclairée, animée, fécondée; la Terre enserrant dans ses entrailles tout ce que l'homme peut désirer, tous les biens, toutes les richesses.

Ce don appartient à tous; nul homme, nulle génération ne peut légitimement en disposer à l'exclusion des autres hommes, des autres générations. Le riche comme le pauvre, le propriétaire et le prolétaire, ont des droits égaux sur le sol primitif, sur les produits bruts de la nature. Ce droit, c'est le droit de vivre, que tous ont acquis par le fait seul de leur naissance.

Cependant l'homme, *à l'image de Dieu*, peut aussi dans sa sphère transformer et créer. D'un sol ingrat il fait un champ fertile; d'un roc informe il fait un palais; d'une matière terreuse il tire des cristaux, des glaces, du fer, de l'acier, de l'or; en un mot, il centuple la valeur de tout ce qu'il a reçu. Ce que l'homme tient ainsi de son travail lui appartient en propre; il peut en disposer comme il veut, c'est son bien, sa propriété, c'est *le droit du capital*.

Mais chacun peut réclamer sa part sur tout objet qui n'a reçu aucun perfectionnement de la main de l'homme, et sur la valeur primitive et brute de toute chose travaillée. C'est le droit de tous, c'est le *droit du travailleur*.

Ce droit est largement reconnu dans la Phalange, où chacun peut s'emparer de toute matière première dont il espère tirer parti, en s'enrôlant dans les groupes chargés de la préparation de cette matière.

La Phalange va même au delà; bien qu'il ne soit plus possible de vivre aujourd'hui sans industrie, de fruits sauvages, de racines incultes, elle peut concéder le droit de ne rien faire à celui qui se résigne à un minimum assez élevé pour le mettre à l'abri de toute privation pénible.

Le droit du capital est pareillement garanti dans ce milieu que nous avons esquissé; il y prend, il est vrai, une forme nouvelle, mais c'est pour son plus grand avantage, puisque ainsi il facilite l'usage, le transport, l'aliénation de la propriété, toutes choses aujourd'hui si difficiles et si coûteuses.

Les droits du capital et du travail ont cessé d'être ennemis; ils se concilient dans la Phalange, ils se soutiennent l'un par l'autre, se développent ensemble, et sont liés par une étroite solidarité de pertes et de bénéfices.

L'homme étant propriétaire légitime de tout ce qu'il

a créé par son industrie, il peut, comme il l'entend, disposer de ses richesses; il peut donner, s'il veut employer sa propriété à cet usage.

Ainsi l'on est encore propriétaire légitime de ce que l'on reçoit par l'abandon volontaire d'un précédent possesseur.

Et comme rien ne limite ce droit naturel, on peut encore donner en abandonnant la vie. Ainsi l'héritage, si violemment attaqué dans ces derniers temps, est une chose juste, un moyen légitime d'acquérir la propriété.

Les adversaires de l'hérédité en ont attaqué le principe, parce que, en Civilisation, la propriété exclut le travailleur de son droit, parce que l'hérédité y marche escortée de nombreux abus. Mais tout ce mal a pleinement disparu dans une Phalange.

Tranquille sur le sort de ses enfants, qui ont une position sociale assurée, quelle que soit leur fortune, le père, s'il ne les oublie pas à sa mort, n'oubliera pas non plus tous ceux qu'il aura aimés, tous ceux qui auront partagé ses travaux, ses goûts, ses plaisirs. L'héritage se fractionnera donc en un grand nombre de legs, et, ainsi divisé, il aura perdu sa *profonde immoralité*, il ne sera plus impatiemment attendu de l'héritier, qui n'y verra qu'un précieux souvenir, qu'un cadeau sans effet bien sensible sur son sort, sur la position de sa famille.

Parmi les adversaires du droit de propriété, il s'est trouvé des hommes qui sont allés plus loin encore, qui ont compris dans une même réprobation les droits du travail et du talent. Ils veulent un partage égal de tous les biens, quel que soit le concours individuel à la production des richesses.

Pour justifier leur monstrueuse conception, les égalitaires entassent les raisonnements sur les sophismes et parviennent peut-être à prouver que, dans un milieu dévoré par la misère, il n'est pas juste d'accorder aux uns tous les raffinements de la sensualité, tandis que les autres ne peuvent assouvir leur faim. Mais, en conscience, s'ils demandent que le milieu social soit réformé, c'est qu'ils espèrent que l'Humanité gagnera quelque chose à les écouter. Or le progrès le plus urgent, le moindre bénéfice que l'espèce puisse espérer de ceux qui prétendent la conduire, c'est une abondance des choses de nécessité, c'est une large satisfaction des besoins.

Il faut donc raisonner comme si la Société devait parvenir à cet état de bien-être; sans quoi, misère pour misère, qu'elle croupisse sans se déranger de son grabat! et alors que devient la logique des égalitaires ? que deviennent leurs déclamations sur celui qui mange la part de son voisin ?.

Il ne s'agit plus du nécessaire que tous possèdent.

Il s'agit de satisfaire ses sens avec plus ou moins de recherche et de raffinement, il s'agit pour les uns d'une table de lieutenants où l'on ne se plaint pas, je vous jure, parce que les capitaines mangent à une table plus chère, et les officiers supérieurs à une table plus coûteuse encore.

Cette inégalité de fortune peut bien moins pour le bonheur que l'inégalité en dose d'estime et d'affection que chacun est appelé à recueillir. Si les égalitaires sont forcés d'accepter ces inégalités naturelles, s'ils ne peuvent pas faire que chacun récolte une égale part d'amour, d'amitié, de considération, qu'importe une inégalité de plus?

Et même, plus il y aura d'inégalités diversement réparties, plus il y aura de chance pour arriver à une égalité par compensation, seul genre d'égalité qui puisse se concilier avec la nature, avec les penchants de l'homme.

Egalité!... Il faut que l'inégalité qui règne dans nos Sociétés soit cruellement injuste et oppressive, pour que, par la répulsion qu'elle inspire, le rêve d'une chimérique égalité ait pu naître, même chez quelques bons esprits.

Égalité!... Avons-nous donc un même estomac, un même cœur, une même poitrine, une soif égale de fortune et de gloire?... Sommes-nous de la même taille, du même caractère, du même âge, du même sexe?... Si nous différons en tous points, l'égalité, au sein même d'une abondance qu'elle ne créerait certainement pas, priverait inutilement les uns en donnant aux autres plus qu'ils ne désirent, plus qu'ils ne peuvent consommer.

Égalité!.... C'est *proportionnalité* qu'il faut dire pour être dans le vrai : c'est la proportionnalité qui manque à nos Sociétés et non l'égalité qu'il leur faut. Dans un milieu social parfait, l'homme tirera parti pour les autres et pour lui-même de toutes ses facultés, et ses facultés sont proportionnelles à ses penchants, à ses besoins, à ses désirs. Ainsi, chacun recevant tout ce que la nature le porte à demander, nul ne pourra se plaindre.

Tel portera un habit magnifique qu'un autre serait fâché de revêtir; tel consommera en un repas ce qui suffirait à ses deux voisins; tel se plaira sur un cheval fougueux qu'un autre craindrait d'approcher; tel aime l'éclat, tel la retraite; tel le tumulte des fêtes, tel le calme de l'intimité; etc. Donnez également à tous, et tous souffriront, aussi bien ceux que vous élèverez trop haut que ceux que vous descendrez trop bas.

L'égalité et la liberté, d'ailleurs, ne peuvent coexister, si ce n'est dans la lettre morte d'une constitution. Lors même que l'on admettrait avec vous que les hommes ont des droits égaux, que le même temps de travail, qu'il soit employé *à faire des sabots* ou *à dresser une statue* (1), doit être également rétribué ; si l'homme reste libre, votre égalité se dissipera aussitôt en fumée, car le premier usage que l'homme fera de sa liberté, et pour satisfaire les penchants les plus impérieux de sa nature, sera de se dépouiller d'une partie de ses droits pour l'avantage de ceux qui l'auront passionné.

Accordez aux soldats de Napoléon le droit de lui voter son traitement, vous verrez si ces braves, si jaloux de prodiguer leur sang pour leur général, seront plus économes de leur bourse quand il s'agira de grossir la sienne. Vous verrez si beaucoup resteront fidèles au principe de la sainte égalité.

Contemplez encore une population frémissante sous l'organe, le geste, la puissance d'un grand artiste : Talma, Malibran, Taglioni, Rachel, etc. Qu'elle ait à voter une récompense, des couronnes, de l'or : croyez-vous que cette récompense sera chichement pesée à la balance des égalitaires, surtout si aucune âme n'est rétrécie par l'inquiétude, par la crainte de connaître les privations et le besoin.

L'égalité, reconnaissez-le, ne peut s'établir qu'en étouffant tout enthousiasme, que par la castration de l'âme humaine qu'il faudrait priver de ses plus géné-

----

(1) Voir les ouvrages de M. P.-J. Proudhon, l'un des plus remarquables égalitaires.

reux élans. L'égalité serait la négation absolue de toute individualité, de toute liberté. Si les hommes, quelque part, se rapprochent de l'égalité, c'est au bagne.

D'un autre côté, les propriétaires, quand ils veulent bien reconnaître que la répartition suivant le capital, le travail et le talent, n'est pas la communauté, nous accusent d'ôter son plus grand charme à la propriété, en la mettant sous cette forme actionnaire qui privera le possesseur de la satisfaction intime de dire : ceci est *à moi*, voilà *mon* jardin, voici *mes* bois, etc.

Nous prétendons, au contraire, que ce sentiment d'amour-propre qui se satisfait par la possession d'une belle chose, sera développé dans la Phalange, plus que partout ailleurs!

Si les vergers, par exemple, sont bien cultivés ; si, richement parés de fleurs ou de fruits, ils font l'admiration des voyageurs, la série des vergers, composée d'hommes qui, par leur travail et leur intelligence, ont produit ce beau résultat, ne dira-t-elle pas avec plus de raison que le propriétaire actuel, *mon verger!* que le propriétaire qui se glorifie du talent de son jardinier, du savoir-faire de son fermier, qui n'a pas une plume à lui dans cette parure d'emprunt sous laquelle il se pavane (1).

____

(1) Le sentiment de propriété se modifiera, nous l'avouons, en

Ce fait se produit déjà dans nos Sociétés : le biblio-
thécaire qui, dans une ville de province, est parvenu
par ses soins, sa patience et son travail, à former une
collection de livres un peu complète, n'est-il pas heureux autant et plus que si ces livres étaient siens, que
s'il avait travaillé dans son intérêt égoïste au lieu de
remplir une fonction sociale.

§ VII. *Ordre et Liberté.*

La découverte de Fourier n'est autre chose que l'é-
tude de deux grandes lois de la nature qui assurent,
dès qu'elles sont appliquées, la première, l'*ordre* universel ; la seconde, la *liberté* de tous les êtres.

ce qu'il sera dépouillé de cet esprit d'âpre chicane qui fait du propriétaire actuel, fût-il d'ailleurs l'homme le plus généreux, un vé-
ritable hérisson qu'on ne peut approcher sans se piquer, dès qu'il
s'agit de sa propriété.

Ainsi ce voisin qui, hier, vous donnait à grands frais une fête magnifique, qui prodiguait pour vous et pour ses amis tout le luxe de
sa maison, qui étalait ses lustres, ses cristaux, ses porcelaines, et
qui se fût offensé si vous lui aviez offert le prix du meuble le plus
précieux cassé par vous par accident ; ce même voisin, aujourd'hui,
n'écoutera ni vos explications, ni vos excuses, né vous pardonnera
jamais et vous appellera devant les tribunaux, parce que, en en-
fonçant un clou dans le mur mitoyen, vous avez détaché de son
côté quelques centimètres cubes de plâtre. Vous n'avez plus affaire
au généreux et hospitalier seigneur de la veille, mais au propriétaire *dont vous avez touché la propriété !*

1°. La série distribue les harmonies. *Ordre.*

2°. Les attractions sont proportionnelles aux destinées. *Liberté.*

La grande loi sériaire, appliquée à l'organisation sociale, se traduira encore sur la Terre par l'ordre le plus parfait, et cet ordre se conciliera avec la liberté la plus absolue; car pour s'organiser et fonctionner dans la Phalange, les hommes n'auront à suivre qu'un seul guide, l'attraction, à obéir qu'à leurs tendances, à écouter que leur volonté.

Hommes, femmes, enfants, indépendants les uns des autres quant à l'emploi de leurs facultés, suivront donc leurs aptitudes et iront au bien sans qu'il soit nécessaire de les y pousser par la prédication, de les y maintenir par la loi; et c'est seulement *du travail attrayant* que peut naître la liberté. Quelle liberté peut espérer le travailleur dans nos Sociétés? Sous tous les régimes, n'est-il pas soumis au despote le plus impitoyable, la nécessité? La nécessité, qui frappe celui qui résiste du plus horrible des supplices, la misère et la faim.

Dans la Phalange, la liberté peut être pour ainsi dire sans limites. Là, bien que tous soient classés et hiérarchisés, bien que l'impulsion vienne d'en haut, bien que la conduite des groupes et des séries soit confiée à des chefs, ces chefs donnent des *conseils*, mais non des *ordres*, et chacun peut décider contrairement à leur avis. C'est que, dans cette Société où tous les intérêts sont confondus avec l'intérêt général, on ne peut admettre que plusieurs résisteront à une invitation faite, pour le bien commun, par ceux qui ont été reconnus les plus capables ; on ne peut croire que plusieurs voudront se nuire à eux-mêmes en dédaignant un avis nécessairement bon ? Évidemment la révolte contre l'autorité ne peut être qu'une anomalie, un cas exceptionnel, comme serait le refus de travailler. On laisserait bouder le récalcitrant comme on a permis au paresseux de se croiser les bras, et cette seconde tolérance aurait si rarement l'occasion de s'exercer, qu'elle serait sans danger, comme la première.

Ainsi *liberté absolue pour tous*, même pour les enfants, à l'affranchissement desquels nul radical encore n'a songé ; pour les enfants qui ont droit aussi au libre essor de leurs tendances, et que la Société soumet à la dépendance la plus absolue, à l'esclavage le plus dur et le plus complet.

§ VIII. *Phalange d'essai.*

On se fait, dans le monde, de très-fausses idées sur les procédés à suivre pour organiser la première Phalange. Nous donnerons, sur ce point, quelques explications tendant à prouver que l'application des principes découverts par Fourier peut se faire avec assez de méthode et de prudence, pour que le succès, *un succès plus ou moins prompt*, soit assuré.

Supposons satisfaites les conditions premières d'un essai. Une Société est formée, elle possède des capitaux *largement* suffisants et un terrain convenable.

Le gérant [1] aura scrupuleusement étudié la propriété à exploiter, en elle-même et dans ses relations établies ou à établir. Il aura déterminé le genre de culture à appliquer à chaque nature de sol, les industries à joindre à l'agriculture, d'après les convenances, les débouchés de la localité. Les plans et devis des constructions pour logements, étables, magasins, ateliers, etc., seront arrêtés, ainsi que l'état du matériel nécessaire à l'exploitation. Enfin le gérant saura combien d'ouvriers de chaque spécialité il doit appeler *successivement*.

Pour l'enrôlement des travailleurs, le gérant, sans s'inquiéter des connaissances plus ou moins étendues qu'ils peuvent avoir en Science sociale, cherchera des hommes robustes, probes, zélés, intelligents, songeant surtout à mettre à la tête de chaque branche de

____

[1] Le gérant ou la gérance, assisté d'hommes spéciaux, agronomes, ingénieurs, etc. Pour abréger, nous sous-entendons tous ces détails.

travail des contre-maîtres capables de bien diriger les ateliers, de former de bons élèves.

Les travailleurs seront enrôlés aux conditions qu'on leur fait aujourd'hui. En échange de leur temps, qui appartiendra à la Société, ils recevront un traitement fixe capable de les attirer et de les retenir. Ils prendront connaissance des règlements auxquels ils devront se soumettre sous peine d'exclusion.

Les travailleurs seront appelés les uns après les autres, à mesure des besoins, pour qu'il n'y ait jamais encombrement ni chômage. Suivant le mode civilisé, on mettra chacun à l'œuvre qu'il connaît, l'agriculteur aux champs, le vigneron aux vignes, le maçon aux bâtisses, le forgeron à la forge, etc.

On cherchera cependant déjà à simplifier la tâche de chacun en approchant, autant que possible, du travail parcellaire tel qu'il se pratique dans les grandes manufactures, en employant plus particulièrement chaque travailleur à la tâche qu'il préfère et qu'il exécute plus parfaitement.

L'état-major de la Phalange sera réduit au plus simple nécessaire. Il faudra des chefs pour chacun des travaux domestiques, agricoles, manufacturiers, et pour la comptabilité. Ces emplois pourront être confiés, de préférence, à des Phalanstériens.

On débutera donc par une exploitation purement civilisée, où l'on se préoccupera d'abord exclusivement d'établir l'ordre, L'ORDRE, *première condition de l'Harmonie.*

Avec des capitaux abondants, un territoire fertile, de bons ouvriers, des chefs intelligents, un gérant ferme et capable, l'entreprise marchera. Toutes les forces s'utiliseront, tous les rouages fonctionneront avec régularité, et bientôt le produit suffira pour payer les travailleurs et servir un intérêt aux actionnaires.

Parvenue à ce point, l'exploitation ne pourra plus péricliter, puisque le *statu quo* même ne serait pas menaçant pour elle. Alors le gérant, respirant à l'aise, pourra préparer et exécuter de prudentes innovations. Alors il songera à *la seconde condition de l'Harmonie*, LA LIBERTÉ.

Il s'adressera à quelques-uns des travailleurs les plus intelligents, il leur donnera quelques quarts d'heure pendant lesquels ils devront étudier les travaux qui s'exécutent autour d'eux et chercher s'ils ne se sentent pas de l'aptitude pour quelques-uns. Il les engagera à essayer, leur promettant une récompense s'ils réussissent.

Qu'on ne croie pas qu'il soit si difficile à l'homme fait d'apprendre un nouveau métier. Nous avons vu, dans un pénitencier militaire, lorsqu'une industrie manquait, faute de commandes, les hommes de cette industrie s'initier à une autre où ils ne tardaient pas à réussir et même à se distinguer. D'ailleurs, il s'agit de travaux parcellaires, il ne faut pas l'oublier.

Ce que l'on aura fait ainsi pour quelques ouvriers, *après un premier succès,* on le fera pour d'autres, puis pour tous. On cherchera de cette manière à initier chaque travailleur à deux, trois, au plus grand nombre possible de professions.

En marchant avec prudence, en ne faisant un second pas qu'après avoir bien assuré le premier, avec du temps et de la patience on parviendra à établir la variété dans les travaux, à organiser les groupes et les séries.

Puis on associera les travailleurs aux actionnaires, en donnant aux uns comme aux autres des rétributions proportionnelles au produit annuel de l'exploitation, et pour toutes les questions intéressant la Société, le gérant appellera dans son conseil les délégués, les chefs de toutes les corporations.

Alors les effets de l'Organisation du travail se feront sentir, les travaux seront chaque jour moins pénibles, plus attrayants; alors la passion entraînant les hommes au bien, au devoir, la loi disciplinaire sera de moins en moins utile, et la liberté pourra sans danger se substituer à la contrainte.

Et bientôt l'épreuve sera faite, l'Humanité pourra juger par les yeux : et l'on saura, sans aucun doute, si Fourier n'est qu'un rêveur ou s'il est réellement le sauveur de l'Humanité !

L'essai peut se faire avec plus de facilité, et moins

de frais encore, au moyen de 400 enfants qu'on orga-
niserait d'abord en groupes et en séries et qui seraient
les initiateurs pour les adultes qu'on leur adjoindrait
successivement. L'École phalanstérienne a établi les
projets complets d'un essai ainsi réduit à son expression la plus simple.

FIN DE LA PREMIÈRE PARTIE.

INTERMÈDE.

⸙

DISTINCTION ESSENTIELLE ENTRE LES DEUX PARTIES DE L'OUVRAGE.

—

AUJOURD'HUI il se trouve dans tous les partis des hommes qui reconnaissent que l'industrie ne peut pas, sans un immense danger, être abandonnée plus long-temps au caprice, à l'arbitraire de l'intérêt privé ; qu'un besoin pressant des Sociétés réclame une prompte organisation des travailleurs. Malheureusement, nul ne propose un plan pour cette organisation, nul ne peut dire ce qu'il ferait s'il était mis en demeure d'exécuter (1).

(1) Quelques-uns ont donné la réforme électorale comme un moyen, comme la voie qui devait conduire à l'Organisation du tra-

Fourier seul offre un projet, exposé avec précision tous les détails d'une réforme complète. Comment ce plan unique d'une réforme dont la nécessité est si généralement sentie, n'est-il pas étudié de toute part avec un soin religieux ?

Des attaques sans bases ont été portées contre la Théorie par des hommes qui n'en connaissaient pas le premier mot ; et d'autres hommes, dont le rôle intellectuel ici-bas est de répéter ce qu'ils ont entendu, ont répandu ces accusations en les grossissant. Mais ces vains bruits ne peuvent prévaloir longtemps contre le bon sens ; et notre prière, si juste puisque nous demandons seulement qu'on nous écoute avant de nous condamner, si pressante puisqu'il s'agit du salut de notre espèce, sera bientôt entendue ; et même déjà, de toute part, les hommes de cœur nous encouragent en témoignant pour nos efforts une généreuse sympathie.

En quoi donc nos idées peuvent-elles inspirer cette

vail. Mais, en vérité, il n'est pas possible de prendre au sérieux une semblable proposition. Les partisans de la réforme peuvent prétendre, ce qui n'est pas prouvé certainement, que le pouvoir constitué par cette réforme aura meilleure volonté que l'ancien. Mais saura-t il mieux ce qu'il faut faire ? Evidemment non. Ces hommes que la réforme appellerait à la Chambre existent en ce moment, et rien ne les empêche d'exposer leur projet d'Organisation, s'ils en ont un ; ce serait en le mettant en demeure d'agir, qu'ils prouveraient le mauvais vouloir du Gouvernement et la nécessité de le modifier. S'ils se taisent, c'est qu'ils ne savent pas ; s'ils ne savent pas, ce ne sont pas les bancs de la Chambre qui leur inspireront la science qui leur manque ; et tant que la science manquera, la proposition d'organiser le travail pourra prendre rang, quant au résultat, à côté de la fameuse proposition faite à la tribune des rats, d'attacher un grelot au cou de *Rominagrobis*. Certes les rats de l'assemblée étaient pénétrés de l'excellence de la motion, pétris de bonnes intentions en sa faveur ; mais, comme dit V. Considerant : *les bonnes intentions ne suffisent pas, il faut encore autre chose avec.*

répulsion qui les ferait mettre, sans examen, hors la discussion. Quels sont les principes respectables, les préjugés mêmes sanctionnés par l'usage et le temps, que nous cherchons à renverser. En morale, en religion, en politique, n'acceptons-nous pas tout ce qui est? Chez quel peuple trouverait-on un article de loi, une sentence morale, une prescription religieuse, au nom desquels on serait en droit de s'opposer à l'essai que nous proposons? Cet essai est entièrement expliqué dans la première partie de ce livre : quiconque nous a suivi jusqu'à ce moment peut prononcer.

Dans nos spéculations nous parlons peu de ce qui est organisé bien ou mal. Nous allons au plus pressant, au point où nulle trace d'Organisation ne se montre, où règnent le désordre et l'anarchie. C'est là que la réforme doit se porter d'abord, et là nous ne pouvons heurter un principe : il n'y en a pas; troubler une fonction régulière : il n'y en a pas; compromettre l'ordre : il n'y en a pas! Le champ de l'industrie, c'est le chaos.

Que ceux qui veulent nous combattre laissent donc dormir ces foudres morales, religieuses, politiques, qui se consument sans nous atteindre : qu'ils examinent enfin le projet que nous offrons, qu'ils en cherchent les points faibles, qu'ils prouvent qu'il est par lui-même impraticable ou sans valeur.

L'Ecole phalanstérienne propose donc une seule chose : organiser le travail dans une Commune.

Si l'essai était fait, s'il donnait tous les résultats promis par la Théorie, il serait nécessairement imité, et la réforme, s'étendant de proche en proche, envahirait rapidement toutes les Communes du Monde civilisé.

L'esclavage serait aboli de fait le jour où, par le

mécanisme de la série, toute industrie deviendrait attrayante ; car il ne serait plus nécessaire de contraindre au travail l'homme qui s'y livrerait par passion.

Puis les barbares et les sauvages, qui répugnent à nos coutumes, les accepteraient avec transport quand elles offriraient à leurs penchants, qui sont les nôtres, une pleine et légitime satisfaction.

Et sur le Globe entier, couvert de Phalanges, les sciences, les arts et l'industrie se développeraient largement, et l'ordre le plus parfait pourrait régner enfin avec la liberté la plus absolue.

Alors tout ce qui est en dehors de la Commune, tout ce qui réunit et centralise, lois, mœurs, religion, gouvernement, tout tendrait à se mettre en harmonie avec l'ordre nouveau : alors, l'exercice de l'industrie étant unitaire, tout convergerait vers l'Unité, et les hommes chercheraient à s'unir dans une même foi religieuse, sous une même loi, avec des coutumes morales identiques.

Ce désir de voir l'Unité régner en toutes relations humaines est un désir saint et légitime. LA VÉRITÉ EST UNE : il est bien d'espérer qu'en toutes choses les hommes sont appelés à la connaître, à la pratiquer.

Fourier a donc pu, sans se soucier du blâme injuste qu'il prévoyait, exposer sa pensée sur ces croyances, sur ces coutumes unitaires de l'Harmonie. Cette pensée, dans le domaine de la théorie pure, *non suivie d'une proposition*, doit rester sans action sur le présent. Elle sera acceptée ou repoussée par les générations de l'avenir, qui seules auront à décider.

C'est de ce point de vue qu'il faut étudier la seconde partie de cet ouvrage, où sont exposées ces idées que Fourier lui-même ne donne que comme des rêveries.

Ces rêves, j'en conviens, *sont pour moi de* HAUTES ET

LIMPIDES VÉRITÉS, *auxquelles je crois avec toute l'énergie d'une conviction raisonnée.* Mais si l'on admet le côté pratique de la Doctrine, on doit appuyer les tendances de l'Ecole qui y sont toutes renfermées, lors même que l'on rejetterait ce que nous avons encore à dire.

Car ces idées d'avenir, fussent-elles aussi condamnables que quelques-uns l'ont prétendu, prouvent-elles que l'Organisation de la Commune doit être repoussée? Le même homme ne peut-il avoir formulé de bonnes et de mauvaises pensées? Et, dans ce cas, ne doit-on pas faire un choix? ne serait-il pas absurde de tout confondre dans une même réprobation? Si ce que nous avons proposé est bon, comment ce que nous avons à dire encore pourrait-il le rendre mauvais?

Après cette réserve (1), que tout loyal adversaire acceptera, nous aborderons franchement toutes les questions, bien convaincu que celui qui nous aura compris avouera, du moins, que des idées semblables sont nécessairement parties d'UNE PUISSANTE INTELLIGENCE et d'UN NOBLE COEUR !

(1) Pensant qu'il était inutile de soulever des questions que le temps seul peut résoudre pratiquement, l'Ecole, jusqu'à ce jour, a gardé le silence sur la partie transcendante de la découverte. Ce silence n'a pas été compris : certains moralistes et dévots, croyant y voir l'indication d'un point vulnérable, ont refusé d'examiner le projet d'Organisation qu'on leur présentait, et se sont occupés exclusivement de choses dont on ne leur parlait pas ; cherchant avec amour de la matière à scandale, tressaillant de joie quand ils parvenaient à pêcher dans les livres de l'Ecole quelque mot au moyen duquel il leur fût possible d'équivoquer, d'injurier, de diffamer, ils ont dit de la Doctrine : *sottises et infamies !*

Ceci est un des motifs qui nous ont déterminé à faire connaître, *une à une,* toutes les SOTTISES, toutes les INFAMIES de cette Science dont personnellement nous acceptons toutes les conclusions.

SECONDE PARTIE.

LIVRE TROISIÈME.

UNITÉ DE L'HOMME AVEC LUI-MÊME :

DEUXIÈME SECTION.

CHAPITRE V.

> J'ai vu la Paix descendre sur la terre,
> Semant de l'or, des fleurs et des épis :
> L'air était calme, et du Dieu de la guerre
> Elle étouffait les foudres assoupis.
> « Ah ! disait-elle, égaux par la vaillance,
> » Français, Anglais, Belge, Russe ou Germain,
> » Peuples, formez une sainte alliance,
>   » Et donnez-vous la main.
>
> » Pauvres mortels, tant de haine vous lasse,
> » Vous ne goûtez qu'un pénible sommeil.
> » D'un globe étroit divisez mieux l'espace,
> » Chacun de vous aura place au soleil. »
> DE BÉRANGER.

> Que vous manque-t-il donc pour établir ici-bas
> la richesse, la liberté, la paix ? Dieu ne vous
> a-t-il pas tout donné ?
> CLARISSE VIGOUREUX.

§ Iᵉʳ. *Hiérarchie.*

Nous avons dit qu'après avoir posé les bases de la
réforme de la commune, Fourier ne pouvait s'arrêter :
il lui restait à découvrir comment, aux époques d'Har-

monie, les Phalanges seraient reliées les unes aux autres, à déterminer quelle serait alors la constitution hiérarchique de la Société. Nous avons établi que les idées de Fourier sur ce point ne devaient plus être regardées comme *proposition* d'une chose à faire, qu'elles étaient simplement une *prévision* des modifications que le temps seul doit apporter.

'Si, cette fois encore, Fourier a rencontré juste, sa conception devant présenter ce caractère de conciliation universelle qui appartient nécessairement à la vérité, la hiérarchie sociale qu'il prévoit aura puissance de se faire accepter unanimement. Il faut donc qu'elle satisfasse tous les intérêts, qu'elle reconnaisse tous les droits, qu'elle accepte toute position acquise : il faut qu'elle répare toutes les injustices, sans cesser de garantir à chacun la possession indéfinie de tous les biens, de tous les avantages dont il jouit.

Considérée comme subdivision du territoire, la Phalange est appelée par Fourier *Unarchie* ou *Baronie ;* 3 ou 4 Unarchies réunies formeront une *Duarchie* ou *Vicomté ;* 3 ou 4 Duarchies formeront une *Triarchie* ou *Comté*, etc., etc.; jusqu'aux *Dodécarchies (Augustats)*, qui seront au nombre de 3, jusqu'à l'Omniarchie, qui comprendra toute la Terre.

Lorsque les populations seront au complet, lorsque l'homme se sera établi sur tous les points de son domaine, il y aura, sur la surface du Globe, *en nombres approximatifs :*

5,000,000	Unarchies	(*Baronie*)	de 1,600 à 1,700	habitants.
900,000	Duarchies	(*Vicomté*)	—	5,600
250,000	Triarchies	(*Comté*)	—	20,000
70,000	Tétrarchies	(*Marquisat*)	—	71,000
21,000	Pentarchies	(*Duché*)	—	240,000
6,000	Hexarchies	(*Grand-Duché*)	—	850,000
1,700	Heptarchies	(*Royaume*)	—	2,900,000
500	Octarchies	(*Soudanie*)	—	10,000,000
140	Ennéarchies	(*Califat*)	—	56,000,000
40	Décarchies	(*Empire*)	—	150,000,000
12	Undécarchies	(*Césarat*)	—	420,000,000
3	Dodécarchies	(*Augustat*) (1)	—	1,700,000,000
1	Omniarchie	(—)	—	5,000,000,000

Chacune de ces divisions et subdivisions du territoire sera conduite, administrée par une RÉGENCE : *Régence unarcale* pour chaque Phalange ; *Régence duarcale* pour chaque Duarchie, etc.; *Régence omniarcale* pour le Gouvernement général de l'Humanité.

Les Régences seront hiérarchiquement reliées les unes aux autres. Chaque affaire, chaque question, remontera, sur l'échelle administrative, plus ou moins

(1) Les 5 Dodécarchies seront, avec quelques rectifications de limites :

    1°. Europe, — Afrique ;

    2°. Asie, — Océanie ;

    5°. Amérique nord, — Amérique sud.

De l'aveu de Fourier, cette nomenclature, *Unarchie, Duarchie,* etc., est à reviser.

haut, suivant son importance et l'étendue du territoire qu'elle intéresse.

Les Régences de tous les degrés seront composées de la même manière, comprendront un même nombre de membres, de départements. Ce que nous allons dire d'une Régence est donc général et s'applique à toutes, à la Régence d'une Phalange comme à la Régence humanitaire du Globe.

Nous avons vu que les passions étaient la source unique de toutes les actions des hommes : bien qu'une action puisse dépendre de plusieurs passions, dans chaque action une passion domine, et cette action peut être classée au titre de cette passion qui en détermine le caractère.

L'influence du Gouvernement sur la Société n'étant autre chose que son influence sur les actions des membres qui composent cette Société, sur les rapports que ces actions établissent entre ces membres, chaque Régence peut être divisée en branches correspondantes à chaque genre d'action, c'est-à-dire en ministères ressortant chacun d'une passion humaine. De cette manière, la hiérarchie sociale sera calquée sur l'organisation de l'homme, sur la hiérarchie des passions.

Fourier appelle *Souverains*, *Monarques*, les membres des Régences, ces ministres qui par leur réunion forment les conseils suprêmes ; il désigne leur emploi par le mot *Trônes*.

A chaque Régence il y aura 16 ministères ou trônes ; 4 au titre de la passion *Unitéisme*, 12 au titre de chacune des passions radicales. Chaque trône sera occupé par un couple, homme et femme, qui, sauf exception très-rare, n'auront entre eux que des rapports de fonction. Ainsi, pour chaque Régence, 16 couples ou 32 membres.

Les Régences de tous les degrés sont composées comme l'indique le tableau porté à la page suivante. Nous ne donnons que peu de détails sur les fonctions des 16 couples de souverains, nous renvoyons sur ce point aux livres de Fourier et aux *Études sur la Science sociale*, de Jules Lechevalier.

On voit que la constitution hiérarchique de la Société offre aux deux sexes des avantages égaux ; l'enfance même n'est pas oubliée, car, à tous les degrés, on réserve à un couple d'enfants le trône au titre d'amitié.

16. LE HAUT MONARQUE   et *la haute Monarque*   de Caractère.
15. *La haute Monarque*   et LE HAUT MONARQUE   de Favoritisme.
14. LE HAUT PONTIFE   et *la haute Pontife*   du Culte religieux.
13. LE HAUT PONTIFE   et *la haute Pontife*   du Culte industriel.
12. *La haute Vestale*   et LE HAUT FAQUIR (1)   (Composite).
11. LE HAUT SAVANT   et *la haute Savante*   (Cabaliste).
10. LE HAUT ARTISTE   et *la haute Artiste*   (Papillonne).
 9. LE HAUT ROITELET   et *la haute Roitelette* (2) (Amitié).
 8. LE HAUT PALATIN   et *la haute Palatine* (3) (Ambition).
 7. *La haute Fée*   et LE HAUT FÉ (1)   (Amour).
 6. *La haute Reine*   et LE HAUT ROI   (Familisme).
 5. LE HAUT GASTROSOPHE   et *la haute Gastrosophe* (Goût).
 4. *La haute Ouvrière*   et LE HAUT OUVRIER   (Tact).
 3. *La haute Apparitrice*   et LE HAUT APPARITEUR   (Vue).
 2. LE HAUT MUSICIEN   et *la haute Musicienne*   (Ouïe).
 1. LE HAUT AGRONOME   et *la haute Agronome*   (Odorat).

UNITÉISME.   DISTRIBUTIVES.   AFFECTIVES.   SENSITIVES.

(1) Les Faquirs et les Fées sont des corporations régulatrices de la passion Amour. Nous parlerons des Vestales au chapitre suivant.

(2) Le trône à titre d'Amitié sera donné aux enfants qui auront montré le plus de courage et de dévouement dans les travaux répugnants.

(3) Le trône à titre d'Ambition appartiendra à ceux qui auront servi avec éclat dans les armées industrielles.

Tous ces trônes, le 6e. excepté, sont donnés par
l'élection. La plupart sont annuels avec facilité de ré-
élection.

Le principal trône (n°. 16, branche d'Unitéisme) est
donné pour la vie , c'est-à-dire pour cette période de
la vie pendant laquelle l'homme jouit de la plénitude
de ses facultés. Le choix sera facile ; pour ces fonctions
compliquées qui donnent la surveillance de tous les
travaux d'une division du territoire, il se présentera
peu de prétendants. Pour être capable de remplir ce
poste, il faut y avoir été disposé par la nature, et celui
qui en serait chargé, sans y être propre, souffrirait
d'une impuissance, évidente bientôt pour lui-même
comme pour tous. Les prétendants aux autres trônes
électifs seront plus nombreux : mais ces trônes étant
annuels ou bisannuels, il sera possible de satisfaire
toutes les ambitions légitimes,

C'est que nous admettons qu'il y a entre les vocations, les caractères et les choses à exécuter, un juste
équilibre, sans lequel toute tentative d'amélioration
sociale serait radicalement impuissante. La science
peut seulement mettre chacun en présence de son
œuvre : il faut qu'alors chaque œuvre ait trouvé son
ouvrier. Pour toute action il doit se présenter beaucoup
de soldats et peu de chefs, de manière que chacun
puisse prendre la place qu'il est heureux de remplir.

La Société n'a pas à donner des vocations, mais à discerner les tendances naturelles, à les développer et à leur fournir de l'emploi ; au contraire de la Société présente, qui ne sait offrir qu'une fonction aux trente vocations de l'individu, sans même s'inquiéter si l'exercice de cette fonction unique peut développer un seul de ses goûts.

Cet équilibre entre les vocations et les fonctions sera facilement admis par tous ceux qui, ayant étudié le grand livre de la nature, sont accoutumés à admirer la suprême sagesse de ses lois. Nous voyons déjà un équilibre de cette espèce entre les sexes, et ceux qui donnent le hasard pour seul principe, n'ont pas cru à leur théorie assez pour s'inquiéter de ce qui adviendrait si le hasard faisait que cet équilibre fût rompu, et que l'égalité numérique entre les hommes et les femmes cessât d'exister.

Nous avons dit qu'un des trônes, faisant seul exception à la règle commune, ne se donnait pas par le mode électif. C'est le trône au titre Familisme : il est héréditaire et reste dans la même famille à perpétuité.

La passion Familisme présente un caractère qui la sépare tranchément des autres affectives : les liens formés par celles-ci sont des liens de choix ; on choisit ses amis, sa femme, son mari ; on se rattache librement, par ambition, aux corporations qui tendent au but vers lequel on se sent entraîné : mais on ne choisit ni ses parents, ni ses enfants ; la nature les donne, on les accepte et on les aime (on les aimera du moins), quels qu'ils soient, lors même que l'on n'aurait avec eux d'autre lien que celui du sang.

Il est facile de concevoir la haute utilité de ce caractère exceptionnel du Familisme. Il est bon qu'un homme soit lié aux autres hommes à tous les instants de sa vie, ce qui ne serait pas si toutes les passions dépendaient du choix, puisque l'enfant n'aurait aucun lien avec ses semblables avant d'avoir pris un développement suffisant pour être connu et apprécié. C'est par le Familisme que l'enfant est chéri, même avant de voir le jour, qu'il est impatiemment attendu à son entrée dans la vie, qu'il tient affectueusement à plusieurs déjà, en attendant qu'il puisse tenir à un plus grand nombre par les autres passions.

S'il faut que le Familisme soit une passion pour ainsi dire instinctive, agissant sans la participation du libre arbitre, ne faut-il pas encore que le caractère particulier de cette passion se reproduise dans tout ce qui dépend d'elle, dans tout ce qui tend à en régler l'exercice.

Il se trouvera donc, à chaque degré de la hiérarchie, dans chaque Régence, un trône héréditaire pour la direction de tout ce qui tient à la famille, à l'état civil ; pour conserver les traces du passé, les archives, les généalogies, les traditions, l'histoire ; pour tenir compte des croisements des races et de leurs effets , etc. L'hérédité était nécessaire pour des fonctions qui exigent des soins minutieux, des recherches scrupuleuses, un travail continué avec régularité pendant des siècles ; car ces qualités ne peuvent se rencontrer que dans une famille traditionnelle elle-même, pour ainsi dire, et dans laquelle se transmet, de générations en générations, une fonction où elle trouve depuis longtemps sa grandeur et sa fortune.

Toutes les opinions politiques et autres ont nécessairement leur raison d'être ; elles tiennent à une tendance naturelle, à un sentiment vrai du cœur humain : ce n'est pas dans ce qu'ils demandent que les partis ont tort, c'est toujours dans ce qu'ils refusent. La science, la vérité sociale, doit accepter tous les vœux, en levant l'obstacle qui les rendait inconciliables, en offrant une combinaison assez large pour les contenir, pour les contenter tous à la fois.

La hiérarchie que Fourier a conçue donne bien satisfaction à tous les vœux qui se sont manifestés au sein des nations , au désir de chefs électifs comme au désir de trônes héréditaires, mais elle circonscrit l'hérédité dans ses limites naturelles en lui livrant le seul domaine de la famille.

Par contraste avec ce trône héréditaire donné par le hasard , sans que la volonté humaine soit consultée, la hiérarchie comprend un trône que l'homme décerne en obéissant seulement à son caprice. C'est le trône annuel de *Favoritisme* (n°. 15) (branche d'Unitéisme). On y est élevé parce que l'on plaît, sans autre raison. Le trône de Favoritisme donne la présidence des fêtes, des plaisirs, des réceptions; cette présidence n'appartient-elle pas de droit à celui qui sait le mieux séduire et entraîner? Cet engouement aveugle des masses pour quelques individus est bien naturel à l'homme : il devait être satisfait, mais toujours dans les limites où il ne peut agir qu'heureusement.

Lorsque la réforme sera généralement acceptée, on désignera les premiers titulaires des trônes de Familisme, on distribuera des sceptres héréditaires vingt fois plus nombreux que les trônes occupés aujourd'hui, et dont plusieurs correspondront à des territoires bien supérieurs en étendue aux plus vastes empires du présent et du passé.

Cette distribution de trônes de tous les degrés permettra non-seulement de laisser en place tous les princes aujourd'hui régnants, tous les personnages en possession de hauts emplois, mais encore de replacer les princes dépossédés, les prétendants, tous ceux qui ont perdu une position par les révolutions et les guerres. Ainsi la science ne fait jamais défaut à son principe conciliateur; au lieu des trônes chancelants, sans cesse menacés par les orages, sur lesquels sont assis les chefs de la Civilisation, elle offre à ceux-ci des trônes fermes et stables, et à jamais assurés à leurs descendants.

La régence des degrés inférieurs de la division du territoire pourra s'établir dans un Phalanstère chef-lieu, aux constructions duquel on ajoutera quelques annexes. Pour le gouvernement des divisions supérieures, à partir de la *Pentarchie*, par exemple, qui correspondra en étendue à l'un de nos départements, il faudra des chefs-lieux distincts des Phalanstères, des villes de plus en plus importantes, s'élevant par degrés jusqu'au chef-lieu de l'Omniarchie, ville capitale du Globe [1].

Ces villes seront les centres des mouvements commerciaux, les points de ralliement des *armées industrielles* dont nous parlerons plus loin. Là se réuniront les sociétés savantes, artistiques, agricoles, industrielles, les personnes avides d'un haut enseignement;

[1] Fourier désigne CONSTANTINOPLE comme la ville qui, par sa position géographique, est appelée à remplir ce premier rôle. Après la canalisation de l'isthme de Suez, lorsque les vaisseaux pourront se rendre, par la mer Rouge, de la Méditerranée dans la mer des Indes, Constantinople sera le centre des populations.

Napoléon, qui croyait, lui aussi, à la constitution de l'unité humaine par l'association des peuples (voir le *Mémorial de Ste.-Hélène*), avait sur Constantinople la même pensée que Fourier. « Mesurant avec » un compas, dit M. de Las Cases, les distances sur la carte, l'empe- » reur disait Constantinople placée pour être le centre et le siége de » la domination universelle. »

là se trouveront les expositions, les bibliothèques, les musées, les galeries, les collections de plans, de cartes, de minéralogie, de géologie, d'histoire naturelle, les grands théâtres, etc., etc.; là les hommes éminents en tous genres viendront se chercher, se grouper, se mesurer.

Les villes seront ainsi occupées par une population flottante, par des corporations et des individus venant périodiquement de divers lieux. Pour le service régulier, chaque Phalange du ressort de la ville fournira des détachements successifs, relevés aussi souvent qu'il sera nécessaire, et qui en formeront, pour ainsi dire, la garnison. Ainsi, pour tous, à peu près, le séjour des villes ne sera que momentané.

Les villes ressembleront aux Phalanstères par leurs dispositions matérielles. Elles se composeront, comme les villes actuelles, d'îles de maisons entourées de toute part par des rues; mais chaque île n'aura qu'un corps de logis sur ces rues : l'emplacement en arrière, occupé aujourd'hui par des seconds et troisièmes corps de logis, formera un grand jardin central. Ces jardins et les rues plantées d'arbres embelliront et assainiront tous les quartiers.

Une *rue-galerie* donnant sur les jardins régnera au premier étage de tous les bâtiments. On traversera les rues, pour passer d'une île à une autre, au moyen de ponts sous lesquels les voitures pourront circuler.

Ainsi, comme dans les Phalanstères, on parcourra les villes en toutes saisons, sans craindre l'humidité ni les influences de l'air.

La culture des jardins, des boulevards, des promenades et du territoire de la ville, n'exigera qu'une faible partie du temps d'une population aussi nombreuse. Aussi, par exception, dans les villes, les travaux des sciences, des arts, des manufactures, du commerce, domineront, par leur importance, les travaux purement agricoles; *purement agricoles*, car dans les villes se trouveront encore les travaux théoriques de culture, les jardins botaniques, les pépinières, les essais, etc., etc.

On utilisera les villes actuelles, qui seront reconstruites par parties, et à mesure que l'accroissement de la richesse permettra de nouvelles dépenses, en rasant les seconds corps de logis pour l'établissement des jardins; en mettant en communication les chambres des premiers étages donnant sur les cours, par des percées et des escaliers, de manière à former une rue-galerie plus ou moins commode; en jetant des ponts par-dessus les rues, en détruisant les quartiers malsains, etc., etc.

Les armées industrielles seront chargées de tous les travaux qui intéressent plusieurs Phalanges à la fois, comme chaussées, ponts, chemins de fer, canaux, encaissements des fleuves, reboisements des montagnes;

elles auront à assainir, à fertiliser toutes les parties du globe , les landes , les steppes, les savanes , les ianos , les marécages , les déserts , qu'il faudra conquérir pied à pied ; elles devront percer les isthmes comme ceux de Suez et de Panama , mettre en communication avec l'Océan les grands lacs qui en sont assez rapprochés, etc.

Une armée sera du degré marqué par le degré de la division territoriale intéressée à ses travaux ; elle sera convoquée et rassemblée par les soins de la régence de cette division , régence qui prendra une partie de l'armée dans la région qu'elle gouverne, et demandera les autres parties aux régences d'autres régions. Un pays qui aura reçu, de cette manière, des secours de ses alliés , devra à ceux-ci des secours équivalents dans des circonstances analogues.

La réunion de corps pris dans diverses contrées, et exécutant chacun suivant la méthode de ses ingénieurs, entretiendra dans l'armée une puissante émulation. Il se livrera de véritables batailles industrielles, et le triomphe, célébré avec pompe, retentira sur toute la terre. Les travaux des armées industrielles auront encore plus de grandeur et de poésie que les travaux guerriers. Quand il s'agira, par exemple, de rendre à la culture les sables brûlants de l'Afrique, il faudra braver assez de fatigue et de dangers, déployer assez d'énergie, prouver assez d'intelligence, pour légitimer le noble orgueil des conquérants.

Les armées, composées des trois sexes, réuniront tout ce qu'il y a de plus brillant dans la jeunesse et dans la virilité. Visitées par les caravanes d'artistes qui parcourront le globe comme autrefois les troubadours et les trouvères [1], elles attireront à elles par leur composition, par la grandeur et le lustre de leurs travaux, par l'éclat de leurs fêtes : chacun désirant en faire partie, loin d'employer la contrainte pour les recruter, on devra modérer l'élan en exigeant certaines conditions des candidats.

§ II. *Équilibre atmosphérique.*

Le travail intelligent et combiné des Phalanges et des armées industrielles rendra l'humanité de plus en plus maîtresse de son globe. Fourier annonce qu'un des résultats de la culture unitaire sera de régulariser les saisons, de prévenir les intempéries, de régler les climatures de manière à les avoir toujours favorables. Fourier va même plus loin, il pense qu'en

---

[1] Les troubadours, les trouvères, les artistes en général, ne seront pas seulement artistes : ils auront développé toutes leurs facultés, leurs facultés industrielles par conséquent. Chaque membre d'une troupe voyageuse, arrivant dans une armée ou dans une Phalange, s'entremettra aux travaux des groupes, fera connaître ce qu'il sait, ce qu'il a appris ailleurs en perfectionnements, en bonnes méthodes, en procédés nouveaux, etc. Ces artistes apporteront ainsi l'instruction en même temps que le plaisir.

persistant dans cette voie, l'homme parviendra à refouler les glaces qui défendent l'abord des régions circumpolaires, à conquérir ces dernières parties de son domaine, parties qui lui appartiennent légitimement, à moins que Dieu ne les ait créées dans le but unique et cruel de préparer des désastres et des naufrages à nos navigateurs.

Ces affirmations audacieuses sont de celles qui ont fait croire à quelques-uns que Fourier se laissait égarer par son imagination. Nous allons examiner ces prévisions, et nous verrons si elles méritent les railleries et le dédain avec lesquels on a tenté de les repousser.

On peut établir qu'il existe une intime relation entre ces trois choses : la culture du globe d'une part, et d'autre part, les mouvements de l'atmosphère et la circulation des fluides impondérables à travers la terre, circulation bien démontrée, entre mille phénomènes, par l'orientation de l'aiguille aimantée.

Par culture du globe, nous entendons tout ce qui tient à la vie proprement dite, aussi bien qu'à la végétation, la population animale d'une contrée étant la conséquence de son état agricole.

Comment l'homme, qui a la prétention de désarmer la nue au moyen de quelques tiges métalliques élevées sur ses édifices, refuserait-il d'admettre l'action énergique exercée sur les tempêtes par les myriades de pointes offertes par les forêts dont il peut couvrir ses montagnes et ses coteaux.

Sans parler de l'énorme quantité de gaz absorbé et décomposé par la respiration animale et végétale, ne sait-on pas que l'état de culture d'un pays influe essentiellement sur sa température, et que cette température réagit sur l'équilibre atmosphérique? Que l'on pense encore à l'action mécanique d'une forêt sur le courant d'air qui la traverse. Les arbres sont agités en tous sens; les branches, les feuilles, sont ployées, déplacées, secouées, et toute la force qui agit pour produire ces mouvements est une force perdue par le fluide moteur: qu'on se rappelle que la pesanteur spécifique du bois est six à sept cents fois celle de l'air, et que par conséquent le mouvement d'un arbre réduirait à l'immobilité sept cents fois son volume d'air, animé d'un mouvement équivalent: on concevra quelle puissante action doivent exercer sur l'atmosphère le boisement et le déboisement des montagnes; on comprendra pourquoi les vents réguliers règnent seulement en mer et sur les plaines arides, et comment leur action est bientôt annulée quand ils traversent des contrées couvertes de hauts végétaux.

La dépendance entre l'état de culture du globe et la circulation électro-magnétique, devient également évidente, si l'on veut y réfléchir.

Quelle est l'action d'une pile galvanique sur un liquide

tenant en dissolution des sels ou d'autres composés? Chaque molécule, sous cette influence, semble douée d'intelligence et de vie; elle se meut, se sépare des molécules qui lui déplaisent, se joint à d'autres avec lesquelles elle se sent en affinité, et toujours avec nombre et mesure. Il se passe dans tout phénomène de vie quelque chose de parfaitement semblable ; le liquide, sève ou sang, qui doit porter la nourriture et l'accroissement à chaque partie d'un être vivant, choisit, accepte ou repousse avec sagacité les matériaux qui lui sont offerts, les entraîne et les dépose avec discernement et symétrie. On ne peut méconnaître ici l'action galvanique, qui nécessairement se rattache à l'action de l'énorme pile nommée la terre, dont l'influence se fait sentir à tous et partout.

Et comme toute action produit une égale réaction, il y a réaction puissante des phénomènes de vie et de végétation sur le grand courant magnétique.

Enfin l'action du fluide électro-magnétique sur les mouvements de l'atmosphère est tellement évidente qu'il suffit de l'indiquer ici.

Ainsi, comme nous l'avons posé, il y a dépendance étroite entre les mouvements de l'atmosphère, la circulation électro-magnétique et la culture du globe.

L'action réciproque de ces trois choses n'est cependant pas la seule qui agisse sur leur équilibre. Il est des

causes extérieures au globe qui tendent à le déranger.

Ces causes extérieures sont d'abord l'attraction des
corps célestes, le soleil et la lune principalement. Cette
attraction produit sur l'atmosphère un effet analogue
aux marées ; le mouvement revient périodiquement,
avec une intensité variable, d'après la position relative
des astres qui le déterminent.

Le mouvement de rotation du globe peut être encore
rangé dans les causes extérieures, puisqu'il a lieu en
vertu d'une impulsion première, partie du dehors.
Cette rotation, cette révolution diurne, produit les vents
alisés et les courants d'air analogues qui se font sentir
périodiquement et dans les mêmes lieux. Le soleil,
comme on le sait, concourt par son action calorifique
à la production du phénomène.

Telles sont, en général, les causes qui tendent à déranger l'équilibre atmosphérique et l'équilibre électro-
magnétique. Mais ce qui importe, c'est de déterminer
celles de ces causes qui peuvent agir irrégulièrement
sur ces équilibres.

Les causes extérieures produisant des mouvements
réguliers que l'on peut prévoir et annoncer, c'est dans
le globe lui-même qu'il faut chercher la cause des
mouvements irréguliers, des perturbations.

Et comme dans le globe tout marche régulièrement

excepté l'état de sa surface, on est forcé de reconnaître que tout mouvement irrégulier de l'atmosphère ou du système électro-magnétique, vient de l'action irrégulière de l'homme sur la surface de la terre.

Tout est régulier dans le globe, car les perturbations séculaires ne doivent pas être prises en considération, quant à la question qui nous occupe : et parmi ces perturbations nous rangerons le refroidissement du globe, qui, à l'époque où nous nous trouvons, est à peine sensible dans un grand nombre de siècles. L'action de ce refroidissement sur les irruptions volcaniques et les tremblements de terre ne peut être que secondaire aujourd'hui ; un dérangement dans la circulation électro-magnétique est la principale cause de ces phénomènes.

Ainsi d'une part on ne peut trouver aux irrégularités dont nous parlons d'autre cause que l'état de la culture du globe ; et d'autre part on comprend que l'action de cette culture est assez énergique pour expliquer ces irrégularités.

On est donc conduit à reconnaître que par une culture régulière du globe, l'homme ramènerait tous ces phénomènes à la régularité.

Ainsi, en agissant sur son domaine d'une manière unitaire, en parfaite harmonie avec les lois naturelles, l'homme préviendrait tout excès, toute intempérie, toute perturbation atmosphérique et électro-magnétique.

Alors, dominateur des airs, il les façonnerait à lui

donner chaque année d'abondantes richesses, juste fruit de sa sagesse et de son travail intelligent.

Comment Fourier est-il arrivé à croire que le nouvel équilibre aurait pour résultat de fondre les glaces du pôle, de désobstruer les mers et les détroits de ces latitudes, d'agrandir ainsi le domaine de l'homme de tant de contrées aujourd'hui désertes, dont on s'inquiète depuis tant d'années, avec tant de fatigues, de dangers, et si peu de succès?

En étudiant les dispositions des continents, on a souvent remarqué qu'ils présentent tous une pointe allongée vers le sud, et que, de ce côté, les terres sont terminées à une assez grande distance du cercle polaire. Au nord au contraire, les continents se rapprochent du pôle, pénètrent en s'évasant dans la zone glaciale, de sorte que l'océan arctique, s'il était praticable, deviendrait bientôt, à l'égal de la Méditerranée, un centre d'activité, un lien de communication pour tous les peuples.

Mais ces terres et ces mers, si bien disposées en faveur de l'homme, lui sont inutiles par suite du froid et des glaces qui en défendent l'abord. On pourrait même concevoir, avec l'équilibre actuel de température, une autre disposition des continents, qui, permettant de les doubler au nord comme au sud, serait plus favorable à l'humanité.

Fourier ne croit pas au hasard : il admet une cause première régissant les créations par les lois les plus favorables, et il conclut hardiment de la disposition des terres, que le globe ayant été providentiellement préparé pour l'homme, l'homme doit être doué de forces suffisantes pour écarter tout obstacle à sa domination.

Et comme l'obstacle ici est la température du pôle, Fourier pense qu'il est donné à l'homme de modifier cette température.

L'homme, avons-nous dit, peut, par son action sur la surface de la terre, rendre réguliers, et les vents et la circulation des fluides électro-magnétiques.

L'irrégularité des courants électro-magnétiques se manifeste de plusieurs manières, entre autres par les irrégularités dans l'émission du fluide, dans les apparitions des aurores boréales.

Si, par la culture unitaire, le mouvement électro-magnétique était régularisé, les aurores boréales devraient paraître régulièrement. Fourier annonce qu'elles augmenteraient en durée de manière à devenir permanentes, en intensité jusqu'à tirer, par leur action calorifique, les régions circumpolaires de leur linceul de glace, pour les ressusciter à la vie et à la végétation.

Et Fourier ne doute pas de ce résultat, parce qu'ainsi seulement il est possible de comprendre pourquoi les continents ont reçu une disposition qui, sans cette nouvelle source de chaleur et de lumière, sans la *couronne boréale*, serait malheureuse et peu digne de la sagesse de Dieu.

Fourier n'est pas le seul qui ait supposé aux aurores boréales une action calorifique : William Herschel et son fils ont eu la même pensée, lorsqu'ils ont admis qu'il y avait analogie entre le fluide boréal et l'atmosphère lumineuse du soleil [1].

Un équilibre atmosphérique et électro-magnétique devait exister avant la création de l'homme, lorsque la terre, vierge encore, n'avait reçu aucune perturbation par l'action de celui-ci. Alors, échauffés par la couronne boréale, les pôles étaient peuplés d'animaux et de végétaux. La couronne s'est éteinte lorsque l'homme, voué à l'incohérence sociale, ne prenant conseil que de son intérêt privé, a porté au hasard sa cognée inintelligente, pour flétrir la terre de l'ignoble empreinte de la culture morcelée [2]. La couronne

[1] « L'électricité qui traverse un air ou des vapeurs excessivement
» raréfiées, nous donne de la lumière et sans doute de la chaleur.
» Un courant continuel de matière électrique ne peut-il pas, en cir-
» culant dans le voisinage immédiat du soleil, ou en traversant les
» espaces planétaires, déterminer, dans les régions supérieures de
» l'atmosphère solaire, des phénomènes du genre de ceux qui se
» manifestent d'une manière non équivoque, quoique sur une plus
» petite échelle, dans nos aurores boréales ? L'analogie possible
» entre la lumière boréale et celle du soleil, est un point sur lequel
» mon père a très-fortement insisté dans le mémoire cité plus haut. »
(*Traité d'astronomie*, par sir John Herschel.)
[2] Le refroidissement du globe, d'abord rapide, a été une des causes

renaîtra plus radieuse ; lorsque l'humanité ayant identifié l'intérêt privé avec l'intérêt général, marchant comme un seul homme à un seul but, embellissant son globe par une culture régulière et unitaire, fera succéder au désordre, non plus l'équilibre primitif et brut, mais un équilibre composé et raffiné.

Telles sont les merveilles que Fourier, illuminé par son audacieuse synthèse, ose annoncer aux hommes qui l'ont accueilli avec le rire de l'incrédulité. Pendant ce temps, chaque jour, la science positive et reconnue, marchant lentement d'observations en observations, découvre quelques fragments de ces grandes choses, sous l'objectif de son analyse. Ainsi M. de Candolle, de Genève, le savant naturaliste, le correspondant de l'Institut, a reconnu aussi qu'autrefois la couronne boréale avait existé. Je cite le *Dictionnaire pittoresque d'histoire naturelle*, article *Géologie*, tome 3, page 405. « L'opinion d'un savant naturaliste, M. de Can» dolle, relativement à ces végétaux anciens qu'on re» trouve fossiles dans toutes les contrées du globe,

de ces grands bouleversements, de ces cataclysmes qui ont séparé les époques géologiques. Le refroidissement est devenu fort peu sensible en dernier lieu, et sur le globe préparé pour les animaux supérieurs et pour l'homme, un équilibre atmosphérique et électro-magnétique s'est établi. L'homme devait raffiner cet équilibre par le défrichement, mais par le défrichement auquel succédait la culture, et non par le déboisement des lieux élevés, par la destruction des forêts. L'action de l'homme sur les hauts végétaux a été presque toujours inintelligente et funeste.

» oblige à admettre en principe que ces végétaux, dont
» quelques analogues éloignés et d'une taille infiniment
» moins grande n'existent que dans la zone tropicale,
» n'ont pu exister qu'en admettant des changements
» dans l'axe de la terre, supposition que les géomètres
» et les physiciens repoussent ; ou bien que ces végé-
» taux, qui ont besoin de l'action d'une grande lumière,
» outre celle d'une forte chaleur, n'ont pu trouver ces
» conditions essentielles à leur existence que dans
» l'existence du feu central, jointe à celle d'un FLUIDE
» LUMINEUX DIFFÉRENT DE LA LUMIÈRE DU SOLEIL. Ainsi,
» pour expliquer la présence de ces végétaux, on est
» forcé d'admettre UN AGENT QUI N'EXISTE PLUS. En un
» mot, la présence d'une lumière semblable à celle que
» la Genèse fait apparaître avant l'astre du jour, devient
» ici nécessaire. »

La Genèse et M. de Candolle admettent donc aussi
l'existence antérieure de la couronne !

Si cependant il en coûte trop aux esprits matéria-
lisés de notre époque pour s'élever à de telles pensées
sur la munificence du Créateur, cessant de spéculer
sur la renaissance de la couronne, nous les renverrons
à la THÉORIE DE L'UNITÉ UNIVERSELLE, tome I, *Introduction, note A.*

Dans cette note, Fourier étudie les faits qui se
passent aujourd'hui sur la surface du globe ; il désigne

des lieux, des villes, situés sous un même parallèle,
et qui cependant diffèrent considérablement par leurs
températures extrêmes et moyennes; il montre que les
climatures les plus favorables correspondent toujours
aux lieux soumis à la culture et environnés par des
terres pareillement cultivées, car l'état du sol réagit
sur l'atmosphère d'une manière heureuse ou funeste,
à des distances considérables.

Ainsi *Tours*, *Astracan*, *Québec*, sont trois villes de
même latitude (47°), situées sur des sols fertiles et bien
cultivés. Cependant à Tours le froid ne descend en
hiver qu'à 10 ou 12° Réaumur, tandis qu'à Astracan
et à Québec il atteint 30° et quelquefois 37° au-dessous
de zéro. C'est que Tours est au centre d'une vaste
étendue de terres cultivées, tandis qu'Astracan et
Québec touchent à d'immenses déserts. -

En résumé, Fourier établit par des exemples que,
par la culture intégrale et unitaire du globe, chaque
point inculte peut obtenir au moins, en température,
30° de bénéfice à répartir sur les excès de froid et de
chaud. Ainsi si la culture s'avançait de toute part gra-
duellement vers le nord, le climat des côtes boréales
des continents s'adoucirait, et les mers voisines seraient
débarrassées de glace, pendant une partie de l'année
du moins, lors même que la couronne ne devrait plus
se remontrer.

AIDE-TOI, LE CIEL T'AIDERA. Si cette pensée était comprise, l'humanité marcherait rapidement vers le bonheur.

Sur la terre, tout est régi par l'action combinée de l'homme et de Dieu. Dieu travaille avec nous, il est notre coopérateur, il fait jouer pour nous les grandes forces de la nature; mais il veut que nous unissions nos efforts aux siens, que nous agissions de concert avec lui : l'homme ne PEUT pas se passer de Dieu; Dieu ne VEUT pas se passer de l'homme. *Dieu nous aide, aidons-nous !*

De l'action combinée et convergente de l'homme et de Dieu, l'ordre, l'harmonie, le bonheur, doivent naître et envahir toutes les branches du mouvement, tous les règnes de la nature. Que l'homme comprenne et remplisse sa tâche, Dieu ne lui fera pas défaut!

Si quelque part il y a désordre, mal, douleur, auquel des associés faut-il s'en prendre? Qui de Dieu ou de l'homme a manqué à l'œuvre commune, a négligé son devoir?

C'est Dieu! ont répondu presque toujours les hommes, et des hommes se croyant religieux. Ainsi, s'il y a désordre dans l'atmosphère, c'est Dieu qui le veut; c'est Dieu qui se plaît à geler les vignes, à brûler les prairies, à grêler les moissons, à inonder les campagnes; c'est Dieu qui dévaste les champs, qui se rit des travaux de l'agriculteur, qui affame les populations !

Effrayé de tant de fléaux qui frappent incessamment sur notre pauvre espèce, les prêtres élèvent leurs voix vers le ciel ; ils prient afin que Dieu se montre moins cruel, afin qu'il daigne nous épargner, nous pardonner.

Pardonner !... Mais la première condition du pardon est de se repentir, de ne pas persister dans sa faute. Si cette vallée est dévastée par des ouragans, la faute est d'avoir détruit cette forêt qui en couronnait les hauteurs et la protégeait contre l'orage ; c'est cette faute qu'il faut reconnaître et réparer. Que l'homme médite, comprenne, et qu'il se mette à l'œuvre : voilà la *prière composée* que Dieu aime, à laquelle il ne sera jamais sourd ; tandis qu'il ne peut exaucer la *prière simpliste* que l'homme lui adresse, en se croisant les bras, sans réfléchir sur ses erreurs, sans travailler à en sortir.

La prière simpliste, la prière inactive, exprime l'espoir que Dieu bouleversera toutes les lois de la nature pour que l'homme jouisse des biens que Dieu a mis à sá portée, quoiqu'il refuse de faire usage de ses facultés pour les prendre. L'homme ne veut pas faire quelques pas et étendre le bras pour s'emparer d'un fruit qui le tente, et il prie afin que Dieu, venant en aide à son inertie, place lui-même le fruit entre ses dents.

Parce que les lois de certains phénomènes ne sont

pas encore connues, nous imaginons que ces lois n'existent pas, que Dieu s'est réservé d'agir sur ces points, jour par jour et capricieusement, aujourd'hui en bien, demain en mal. Alors nous le prions d'être bon, comme s'il n'était pas bonté infinie ; d'être libéral, comme si, déjà, il ne nous avait pas tout donné.

Car lorsque les lois de la nature sont bien connues, il ne nous vient pas de prier pour qu'elles soient modifiées en notre faveur. Ainsi nous ne demandons pas que le fleuve remonte vers sa source, que la pierre serve à apaiser notre faim ; le naufragé dont le vaisseau s'engloutit ne prie pas afin de pouvoir gagner le port en marchant sur les flots.

§ III. *Équilibre des populations.*

Nous ne pouvons nous dispenser de dire ici quelques mots d'une question sur laquelle les économistes ont raisonné, ou, plus exactement parlant, déraisonné comme à l'envi les uns des autres : la question de l'*équilibre des populations.*

Qu'on ne s'étonne pas si nous, obscur écrivain, nous osons ainsi accuser de déraison des hommes qui, par leurs travaux, ont conquis une haute position dans l'opinion et dans la société. Les économistes ont osé cent fois plus, puisqu'ils ont toujours admis, dans leurs vaines théories, que les lois providentielles étaient absurdes, stupides, impitoyables ! puisque, sans hésiter, ils ont implicitement accusé Dieu d'impéritie ou de cruauté.

Comment ces hommes ont-ils imaginé que Dieu ne s'inquiétait en rien du mouvement des populations ? qu'il leur avait laissé le soin, pour prévenir une désastreuse exubérance, d'enseigner *la prudence dans les mariages*, tenant en réserve, pour rétablir l'équilibre, des moyens intelligents et paternels comme la guerre, la peste, le choléra !!

Voyons si, avec plus de foi, nous n'arriverons pas à comprendre la loi du mouvement des populations ; et si cette loi, comme toute loi providentielle, n'est pas bonne pour l'espèce, dès que l'espèce veut en profiter.

L'homme, évidemment, doit tendre à s'emparer de toutes les parties de la terre, à les cultiver, à les assainir, pour tirer du globe toutes les richesses qu'il renferme, pour augmenter la somme de ses jouissances, pour compléter son bonheur.

Donc il est bon pour l'homme que la population croisse, jusqu'à ce que l'espèce ait occupé toutes les contrées, les déserts brûlants aussi bien que les déserts glacés ; jusqu'à ce que la surface de la terre soit couverte de travailleurs, en nombre suffisant pour sa parfaite exploitation.

Par conséquent, *à priori*, on doit penser que la loi tend à ce résultat, réellement providentiel et digne de Dieu, puisque rien, jusqu'à ce jour, ne tend à prouver qu'il en soit autrement.

Car Dieu n'ayant pas tracé les limites qui séparent les peuples, pour les parquer, chacun chez soi, en troupeaux ennemis, Dieu ne peut être rendu responsable s'il y a excès de population sur un point, tandis que d'immenses contrées sont encore désertes, ou à peine parcourues par quelques hordes sauvages, par quelques audacieux voyageurs. Dieu ne pouvait faire pousser les hommes au milieu des déserts, et, tant qu'il est bon que la population augmente, les hommes doivent naître dans les pays déjà peuplés. Au lieu de tenter, si ridiculement, de s'opposer à un mouvement résultant d'une loi naturelle, les économistes avaient à chercher comment cette loi était avantageuse, à indiquer les moyens faciles de répandre par essaims l'excédant de la population d'un pays, sur les régions qui manquent de travailleurs.

Ainsi la loi est bonne, si la population tend à augmenter d'autant plus rapidement que le nombre des hommes est plus éloigné du complet nécessaire à la parfaite exploitation du globe ; si le mouvement se ralentit à mesure que l'on approche de cette limite ; s'il devient nul lorsqu'elle est atteinte, c'est-à-dire si alors l'équilibre s'établit entre les naissances et les décès.

Mais le mouvement des populations doit dépendre des conditions internes et externes de vie dans lesquelles l'homme se trouve placé. Voyons quels rapports peuvent exister entre la puissance de l'humanité sur son globe et l'état physiologique des individus.

C'est par le progrès des sciences, des arts et de l'industrie, que l'homme deviendra de plus en plus maître de son domaine ; la puissance humaine atteindra donc son plus haut terme, lorsque toutes ces choses auront pris un large développement.

Ce développement aura pour résultat de placer l'homme dans des circonstances de plus en plus favorables à l'usage harmonique de toutes ses facultés, de toutes ses forces, à sa richesse, à son bonheur, à sa vigueur physique et intellectuelle.

Donc toutes ces choses, puissance de l'homme sur son globe, progrès des sciences et de l'industrie, perfectionnement, raffinement de l'espèce, doivent marcher parallèlement et tendre ensemble à un commun apogée.

Par *raffinement de l'espèce* nous entendons l'état où la conduira l'emploi complet et équilibré de toutes les facultés humaines. Ainsi une population de paysans peut être composée d'individus robustes ; mais cette vigueur sans grâce, cette force sans adresse, cette santé sans intelligence, ne constituent pas le raffinement auquel l'humanité doit parvenir.

Donc enfin la loi des populations doit être telle, que la reproduction soit d'autant moins active que l'espèce sera plus raffinée.

Encore une fois, cette loi devrait être admise *à priori*, puisque la loi contraire, celle qui supposerait le mouvement d'autant plus facile que les individus seraient placés dans de meilleures conditions, conduirait à des résultats atroces, en pleine contradiction avec tout ce que nous connaissons de la nature.

On comprend d'ailleurs que l'homme utilisant toutes ses facultés, employant toutes ses forces, ne laissant dans l'inaction aucun de ses muscles, aucune partie de son cerveau, faisant; en un mot, tout ce qu'il lui est possible de faire, doit dépenser une somme de principes vitaux dont une partie aurait reflué sur les organes de la génération, si elle avait été sans emploi.

Mais nous examinerons l'hypothèse en elle-même, et nous reconnaîtrons qu'elle se vérifie dans tous les cas particuliers où il a été possible de l'appliquer.

Règne végétal : Lorsqu'une plante est cultivée avec soin, sous un ciel et dans un sol qui lui conviennent, lorsqu'elle se trouve dans les conditions les plus favorables à son développement, elle devient belle et vigoureuse ; mais, si la fleur est brillante, c'est que le nombre des pétales s'est accru aux dépens des étamines et des pistils, c'est que les organes de la reproduction ont été amoindris, c'est que même ils ont pu s'effacer entièrement.

Si de cette plate-bande où l'on cultive la plante avec tant de soins, il s'échappe une graine que le vent porte sur un sol aride, cette graine donnera une plante faible et maladive, mais présentant au complet tous les organes de la reproduction, par la réduction des pétales à leur moindre nombre. Il semble, disent les naturalistes, que la plante, sentant le danger de mort qui pèse sur elle, reporte tout ce qui lui reste d'énergie sur les organes sexuels, afin que la perte de l'espèce ne soit pas la conséquence de la mort de l'individu.

Règne animal : Il est assez bien établi que, dans les animaux domestiques, la femelle conçoit avec d'autant moins de facilité qu'elle appartient à une race plus belle, plus raffinée. Ainsi, en Angleterre, les juments de race ne sont livrées à l'étalon qu'après avoir été prédisposées à la conception par des précautions, par un régime convenable. Ces précautions ont pour but de déranger le parfait équilibre existant dans les fonctions de l'animal, en ne lui offrant qu'une nourriture peu substantielle, en le fatiguant et même en le maltraitant. Nous savons que plusieurs juments anglaises reçues à l'école de cavalerie de Saumur, il y a peu d'années, avaient été saillies à plusieurs reprises et sans succès, jusqu'à ce qu'on ait discontinué les soins raffinés qu'on leur prodiguait, pour les préparer à la conception par ce régime anti-hygiénique.

Règne hominal : Sous le rapport physiologique, le passage des végétaux aux animaux et des animaux à l'homme est insensible, et l'on doit croire que la loi qui se découvre chez les deux premiers est encore la loi de l'espèce humaine. D'ailleurs, il est possible d'observer dans l'humanité un grand nombre de faits qui la confirment. Les classes pauvres, misérables, étiolées, sont-elles donc les moins fécondes ? Les femmes les plus robustes sont-elles donc les plus aptes à la reproduction ?

Des publications récentes nous apprennent que la population du Paraguay, qui vit dans des conditions très-favorables à la satisfaction de ses besoins matériels, s'accroît avec une lenteur surprenante pour ceux qui regardent l'accroissement rapide des populations comme un des signes de la prospérité d'un pays.

Enfin il résulte de travaux soumis à l'académie des sciences, en 1842 et 1843, par MM. Bellingeri, physiologiste italien, et Doubleday, économiste anglais, qu'une nourriture abondante et substantielle est loin de favoriser la fécondité ; qu'une espèce se multiplie avec plus ou moins de rapidité suivant qu'elle est ou non menacée de s'éteindre, surtout quand le danger provient d'une diminution dans les aliments. Ici donc, comme toujours, chaque observation nouvelle, chaque pas dans la science, est une confirmation des grands principes posés par Fourier.

Ainsi, 1°. la loi que nous avons posée est seule digne de l'intelligence infinie; 2°. cette loi est vérifiée et confirmée par tous les faits qu'il a été possible d'observer.

CHAPITRE VI.

MOEURS ET COUTUMES.

Allez, tous vos discours ne me font pas de peur,
Je sais comme je parle, et le ciel voit mon cœur.
MOLIÈRE.

On a vu que les nations les meilleures furent toujours celles qui accordèrent aux femmes le plus de liberté; on l'a vu chez les Sauvages (*Otahitiens*), lés Barbares (*Japonais*), comme chez les Civilisés (*Français*)....

En résumé, l'extension des priviléges des femmes est le principe général de tous progrès sociaux.
FOURIER.

EN abordant des questions délicates, questions qui ne peuvent être touchées qu'avec une extrême réserve, nous sentons le besoin de rappeler encore une fois que l'École propose EXCLUSIVEMENT *d'organiser le travail.*

Si cette proposition était acceptée, si l'effet ÉPROUVÉ

de l'organisation du travail était de confondre la raison et la passion dans une même tendance, d'identifier l'intérêt privé avec l'intérêt général, toute contrainte morale ou légale, toute action répressive, serait sans but, puisqu'elle manquerait d'occasion pour se manifester.

Nous ne prétendons rien de plus ; nous ne sommes pas assez insensés pour vouloir la suppression de tout moyen coërcitif, le plein essor des passions, avant qu'une expérience suffisamment longue du milieu réformé n'ait démontré, *aux générations futures*, que cet essor est sans danger.

Et tant que la passion peut enfanter le désordre, tant qu'elle peut être en opposition avec le devoir, nous voulons aussi que l'homme sache se vaincre ; et si sa raison n'y suffit pas, qu'il craigne la loi armée pour prévenir d'abord, puis pour frapper.

Après cette explication nécessaire, nous entrerons sans crainte dans notre sujet.

La loi, la morale plus sévère encore en principe, ne peuvent avoir qu'une tendance légitime : enseigner à l'homme à éviter les excès qui lui nuiraient personnellement, à préférer son bonheur à un plaisir passager, puis encore à sacrifier son intérêt privé, dès qu'il est en opposition avec un intérêt plus général.

Agir de manière à être utile à soi et aux autres, *aux*

autres surtout, telle doit être la prescription de la morale, qui ne peut aller au delà.

Si la morale commandait ce qui peut nuire à l'individu ou à l'espèce, elle serait odieuse et insensée; si elle condamnait des choses innocentes, elle serait capricieuse et arbitraire.

Les actes proscrits par la morale sont : 1°. des actes mauvais, *absolument*, indépendamment de la forme actuelle de la Société; 2°. des actes nuisibles, *accidentellement*, par suite de l'organisation même de cette Société.

Les actes mauvais *absolument*, qu'ils nuisent à autrui [1] ou à nous-mêmes, sont à jamais condamnables et seront condamnés sous toute forme sociale. La science doit fournir le moyen de prévenir ces actes, en détruisant leurs causes.

Les actes qui nuisent *accidentellement*, par suite de l'organisation particulière de la Société où ils se montrent, peuvent devenir innocents sous une autre forme sociale, et la morale doit cesser de les condamner.

En Harmonie, la morale continuera à interdire les choses qu'elle défend parce qu'elles sont mauvaises

---

(1) Les actes qui nuisent à autrui peuvent se ranger en deux grandes classes : 1°. violence matérielle, abus de la force physique, brutalité; 2°. violence morale, abus de la force intellectuelle, perfidie.

d'une manière absolue. Pour prévenir leur retour, on conservera toutes les lois existantes, tout l'appareil de la justice, l'amende; la prison, le bagne, le juge et le bourreau. On conservera cet appareil, jusqu'à ce qu'il soit bien constaté qu'il ne sert à rien, jusqu'à ce qu'il se soit rouillé dans une heureuse et complète inaction.

Il ne faut pas repousser comme une vaine illusion cet espoir qu'un jour il n'y aura plus de répression, parce qu'il n'y aura plus de crimes. Chez nous, déjà, les crimes sont-ils bien fréquents dans les classes qui jouissent de quelque aisance? Ne partent-ils pas, presque toujours, des classes inférieures, rongées par l'ignorance et la misère.

Ne faut-il pas conclure de ce fait, que si les classes pauvres étaient élevées à la condition des classes moyennes, la plupart des crimes seraient prévenus ? Les crimes ne seront-ils pas évités plus sûrement encore dans la Société harmonienne, où tous les humains seront développés physiquement, intellectuellement et moralement, de la manière la plus complète; où tous seront assurés, pour eux et pour ceux qu'ils aiment, d'un présent et d'un avenir exempts d'inquiétude?

Comment les passions conduiraient-elles au crime, quand tout sera disposé pour les satisfaire d'une manière heureuse; quand leur énergie déterminera la part de chacun en richesse, en jouissance, en plaisirs? Par quel étrange caprice, quand toute voie honorable sera largement ouverte à l'essor passionnel, l'homme irait-il chercher une voie honteuse, qui ne pourrait le conduire qu'au mépris et à la ruine de toutes ses affections!

Car le crime ne pourrait se cacher, dans cette Société où tous se voient à chaque instant du jour; où l'on peut connaître, heure par heure, ce que chacun a fait. Par exemple : quand et comment se servirait-on d'un objet volé? à qui le vendrait-on? par quel moyen l'utiliser?

Si le crime se montre encore en Harmonie, ce sera dans une proportion tellement réduite, que la Société, regardant le coupable comme un insensé, cherchera seulement à se préserver d'une nouvelle attaque en mettant ce coupable dans l'impossibilité de nuire une seconde fois.

Les excès que la morale condamne encore, à juste titre, parce qu'ils nuisent à l'individu, seront évités dans un milieu où toujours l'exercice attrayant d'une faculté succède à l'exercice attrayant d'une autre. Ainsi, quelque amateur qu'il soit du plaisir de la table, le chasseur n'y reste que le temps nécessaire pour satisfaire son appétit, si le plaisir de la chasse l'appelle autre part. Les hommes commettent des excès parce qu'aucun plaisir ne tend à les arracher au plaisir du moment, parce que la Papillonne, qui les sollicite à changer d'occupation, ne peut leur offrir aucune occupation agréable en alternat.

Quant aux actes que la morale défend parce qu'ils nuisent accidentellement, sous une certaine forme sociale, nous avons dit qu'elle devrait cesser de les condamner dans un milieu où ils seraient innocents.

Ainsi, dans nos Sociétés, la liberté amoureuse conduirait à une affreuse confusion, à l'abandon des enfants, au mépris de la femme, au bouleversement de la famille, de la famille, seule base de toutes les Sociétés civilisées. La morale a donc cent fois raison de prêcher le mariage exclusif, de s'élever contre toute violation de cette loi sur laquelle repose l'ordre social entier.

Mais si les hommes vivaient dans un milieu où cette liberté serait sans danger, où elle tendrait à resserrer l'affection réciproque des époux, des pères et des enfants; où elle rendrait francs, loyaux, conformes au vœu du Créateur, tous les rapports des sexes; où elle entraînerait la jeunesse aux grandes choses, la morale devrait réclamer à grands cris cette liberté, car l'amour, ce don de Dieu, est en lui-même une bonne, utile et innocente passion.

Pourquoi donc cette seule pensée, exprimée par Fourier, qu'il pourrait y avoir un jour quelque modification aux coutumes amoureuses, a-t-elle soulevé contre lui tous les moralistes?

En vérité, ne semblerait-il pas que les coutumes actuelles ont conduit à un ordre tellement parfait qu'il faut craindre d'y toucher, parce que tout changement ne pourrait que gâter ! Ne croirait-on pas que les rapports des sexes sont aujourd'hui tellement justes, réguliers, nobles et vrais, qu'il n'est plus possible de rêver, d'imaginer quelque chose de mieux.

Eh bien ! nous surmonterons notre dégoût : nous soulèverons quelque coin de ce voile en guenilles, qui cache si mal les plaies de notre état moral, et nous verrons si la Société peut perdre à un changement quel qu'il soit ; si l'imagination la plus féconde peut se représenter quelque chose de pire que ce qui est !

La loi civile et morale établit sur un mode unique les rapports réguliers entre les sexes : comment cette loi est-elle exécutée ?

C'est d'abord une moitié du genre humain, les hommes, qui se font un jeu de la violer aux applaudissements de l'autre moitié. Cela est si vrai que certains traits de chasteté, dans un jeune homme, amèneraient, même sur des lèvres de moraliste, un sourire équivoque dissimulant à peine le dédain.

Quant à l'autre moitié, une fraction, la fille des classes privilégiées, peut être préservée à force de surveillance et de soins !

Mais encore à quelle condition ?... C'est que la fille du pauvre sera livrée en holocauste à la passion déchaînée !... La fille du pauvre, si souvent égarée et séduite !.. La fille du pauvre, qui doit, hélas! alimenter de sa chair l'infamie et la prostitution !

Et parmi les premières, les plus heureuses, combien encore succombent, lorsqu'elles ont formé ce lien qui doit les attacher pour la vie à un seul homme, à un seul amour !

Cette chute n'est pas chose rare ; le drame et le roman, miroir des mœurs, n'ont plus puissance d'émouvoir sans l'adultère, l'adultère qu'ils montrent sinon heureux et paisible, du moins tombant avec grandeur, comme César au pied des conjurés, comme Hippolyte entre les débris de son char ! Et cependant l'adultère se cache dans l'ombre, insulte par derrière ; l'adultère est faux et perfide, il n'a même rien de la grandeur brutale du crime hardi qui s'étale au soleil.

N'en ai-je pas assez dit ? dois-je aller plus loin ? J'ai montré la presque totalité de l'espèce humaine en révolte contre la loi ; j'ai parlé du libertinage, de l'adultère, de la prostitution ! Faut-il entrer dans les détails, toucher toutes les plaies, découvrir tous les ulcères ?

Ici c'est une femme qu'une faute peut conduire à des malheurs si grands, qu'alors une mère.., LA MÈRE TUE SON ENFANT !

Puis la Société indignée rassemble ses juges, frappe l'infortunée de la flétrissure, des fers, de la mort !

Cependant celui qui l'a séduite et poussée au crime par son lâche abandon, libre et honoré, peut, rien ne l'en empêche, s'asseoir au banc des jurés pour donner aussi satisfaction , par son verdict, à sa vertueuse colère.

Plus loin c'est l'enfance encore, rejetée du sein maternel , abandonnée à la charité publique , faible, étiolée , avec un sang corrompu par les germes d'une hideuse maladie, ignoble fille des plus honteux débordements.

Et doit-on s'étonner si , dans les classes pauvres, plusieurs se débarrassent de leurs enfants par l'abandon et même par le crime, lorsque dans toutes les classes un si grand nombre *ne se bornent pas à des vœux* pour prévenir l'accroissement de leur famille [1]? Dans nos Sociétés , où l'on salue avec joie la naissance de tout animal domestique, l'homme seul est souvent accueilli avec tristesse à son entrée dans la vie. L'homme , le roi de la création! le producteur par excellence!....

[1] Ce titre de père, qui établit entre un homme, une femme, un enfant, un lien si doux , sera toujours recherché avec empressement en Harmonie, où il n'exposera à aucune charge tendant à en compenser les avantages. Aussi Fourier accorde-t-il à la femme le droit de désigner à son enfant un père autre que le père naturel, si elle avait à se plaindre de celui-ci. La punition serait cruelle pour le coupable, et celui qui serait élu à sa place accepterait toujours avec bonheur. La paternité par adoption sera fréquente encore en Harmonie, où rien ne tendra à détruire le charme des rapports de famille. De toutes parts les plus tendres noms, les plus douces affections, seront offerts et prodigués à l'enfance, qui attire à elle par un charme si puissant.

J'ai parlé de l'enfance : grand Dieu !

L'enfance, espoir de l'avenir ! l'enfance, tendre bouton qui, pour donner plus tard la fleur brillante et parfumée, puis le fruit précieux, doit être préservée avec tant de soin !... que devient-elle entre tes mains, Civilisation ?... Caïn !... qu'as-tu fait de ton frère ?...

. L'enfance ! Dieu te la donne avec sa grâce naïve, sa franche gaîté, sa touchante candeur !... Par quelles précautions la maintiens-tu dans son heureuse ignorance? Par quels soins la préserves-tu de toute souillure, de tout sale contact, de toute impureté ! Le respect pour l'innocence, loi sacrée ! comment sais-tu l'observer ?

L'enfance ! Mais à tout moment, en tout lieu, tu lui prodigues une funeste instruction ; tu l'inities par la vue, par l'ouïe, par tous les sens, à des secrets si dangereux pour elle ! Ton impure science, tu la placardes sur tes édifices, tu la chantes dans les cabarets, tu la cries dans tes carrefours, tu l'offres dans tes salons, dans tes livres (1), dans tes spectacles, dans tes musées !

Aussi ta stupide et cruelle imprévoyance porte des

____

(1) Dans les livres classiques, moraux, religieux même, rien n'est plus étonnant que cet empressement avec lequel les hommes qui écrivent pour les enfants mettent sous leurs yeux, livrent à leurs réflexions, tout ce qu'ils doivent ignorer. Pensez au trait le plus scandaleux de l'histoire ou de la Bible, et ouvrez un livre destiné, avec approbation de l'Université, aux enfants de sept ans : ne craignez

fruits dignes de toi ! Regarde dans tes colléges , dans
tes écoles , dans tes pensionnats : regarde de près, si
tu l'oses, et compte le nombre de ceux qui échappent
à de honteuses leçons ; que tu rends à leur famille sans
leur avoir fait payer ta science de mots, en flétrissant
à tout jamais leur cœur, leur intelligence ou leur santé !

Ah ! c'est là la plaie honteuse !.....

Eh bien ! ose encore parler de ton hypocrite pudeur ! ose maintenant te scandaliser, parce que Fourier
promet à l'avenir d'autres mœurs que tes mœurs ,
d'autres amours que tes amours !

Nous devons nous arrêter : il faudrait des volumes
pour décrire toutes les turpitudes des mœurs civilisées ;
dans la famillé seulement, combien de plaies encore
près desquelles nous passons en détournant les yeux !
dans la famille, que les moralistes nous offrent comme
le séjour de toutes les vertus, de toutes les tendresses
pastorales ; qu'ils nous opposent comme l'arche sainte
à laquelle on ne peut toucher sans être sacrilége !

Hélas ! pour faire tomber ces illusions, pour ramener à une triste réalité, il nous suffit d'en appeler à la

pas qu'il soit omis. Ceci sauf quelques rares exceptions cependant ;
en fait de livres d'école, le bon sens fait exception.

Mais, disent-ils, il faut bien que l'enfant apprenne l'histoire.
Apprenne de l'histoire ce qui convient à son âge, je le veux bien,
mais plutôt RIEN que TOUT.

conscience de chacun : que chacun soulève ce voile complaisant jeté sur ses douleurs internes, qu'il raconte ce qui se passe chez lui, chez ses voisins, entre les époux, entre les frères, entre les pères et les enfants.

Nous le savons, les moralistes autant que nous s'indignent et se soulèvent ; mais vingt siècles d'expérience ont suffisamment prouvé leur impuissance à guérir.

Cette expérience du passé est tellement concluante, qu'eux-mêmes ont abdiqué leur mission. J'en appelle à leur bonne foi : qu'ils disent donc s'ils espèrent qu'un jour leurs prédications seront écoutées, qu'un jour toutes les plaies que nous avons signalées seront enfin fermées ?..... Non !..... ils acceptent tout comme condition fatale de la vie humaine ; à leurs yeux, par exemple, c'est un mal nécessaire que la prostitution ; ils s'y résignent !..... La prostitution !..... infamie des infamies !.....

Ainsi celui qui pense que l'on ne peut agir sur l'homme par d'autres moyens que la prédication morale, doit admettre et admet en effet que l'humanité croupira dans sa fange jusqu'à son dernier jour !..... Mais celui qui sent au fond du cœur que Dieu, qui aime le beau et le bon, n'a pas condamné irrévocablement l'espèce à tant de turpitudes, doit chercher le salut commun dans des voies encore inexplorées, dans de profondes modifications de ce qui est.

Et puisque tous ces désordres, tous ces vices, se sont développés sous une loi de contrainte, ont existé avec la coërcition, ne peut-on espérer que l'ordre et la vertu naîtront de la liberté : de la liberté agissant sur un nouveau milieu, sur un milieu convenablement préparé!

Dans une Phalange, nous l'avons vu, l'enfance fonctionnant sous les yeux de tous n'est jamais abandonnée à elle-même, ni dans les champs, ni dans les ateliers, ni même dans les dortoirs; sans cesse livrée à des occupations variées, sans cesse préoccupée de ses intrigues industrielles, passionnée par sa jeune ambition, elle ne connaît pas cet ennui profond, fruit de cette inaction à laquelle notre éducation la condamne si stupidement, et qui favorise tous les vagabondages de l'imagination ; à la fin de chaque journée, l'enfant fatigué ne songe qu'au repos, auquel il se livre, souriant déjà à ses efforts, à ses triomphes du lendemain.

Dans la Phalange, rien ne peut éveiller des idées dangereuses, quand elles sont prématurées; l'enfance a ses livres, ses bibliothèques, ses musées, ses salons ; elle ne vit plus dans un monde où tout est fait pour l'adulte, où l'on ne songe à elle que par exception ; en sa présence, les hommes, tous assez éclairés pour comprendre la portée de leurs actes, s'abstiendront de paroles d'amour, de propos galants, avec d'autant plus de soin qu'ils seront libres de traiter ces questions aux réunions du soir, après que l'enfance se sera retirée : car l'enfance, qui a besoin de sommeil, se livrera la première au repos, tenant à honneur de paraître au réveil des séries, aux séances du matin.

Pour que la curiosité de l'enfance ne soit pas éveillée par un brusque passage de ses coutumes à celles de la jeunesse, une transition est soigneusement ménagée par l'institution d'un *corps vestalique*. Les adolescents des deux sexes, au sortir de l'enfance, à 18 ou 19 ans [1], entrent dans cette corporation où ils doivent passer un temps plus ou moins long, suivant leur caractère et leur tempérament.

De brillants avantages accordés à ce corps tendent à y retenir les jeunes gens. Il est l'honneur de la Phalange, qui s'en pare avec orgueil dans les jours de fêtes ; car c'est là sa plus fraîche, sa plus gracieuse, sa plus riante jeunesse : il est honoré, recherché, aimé de tous, de la vieillesse à laquelle il prodigue ses soins, de l'âge viril qu'il charme par sa beauté, de l'enfance aux habitudes de laquelle il est encore fidèle, qu'il guide dans ses travaux du matin, qui est fière de suivre les coutumes d'une corporation aussi généralement res-

---

[1] La vie active de l'enfance harmonienne retardera la puberté jusqu'à l'âge de 17 ou 18 ans, et la vieillesse reculera dans une proportion égale. Ces assertions surprendront peu ceux qui se sont occupés des lois de la nature organique.

pectée, et qui s'inquiète peu de ce qui se passe dans ces séances du soir, où le corps vestalique ne paraît pas.

Pendant le temps donné au vestalat, la jeune fille, le jeune homme, font un choix; ce choix n'est déterminé par aucune considération de fortune ou de rang, et les parents n'ont pas à s'en inquiéter, car il ne peut compromettre en rien l'avenir de leur enfant; pour choisir, chacun consulte son penchant, et ceci est conforme à la volonté de Dieu, de Dieu qui n'a pas mis dans nos cœurs cet énergique penchant qui pousse les sexes l'un vers l'autre, pour que, comme c'est la règle en Civilisation, la jeune femme se trouve avec indifférence, froideur ou même dégoût, entre les bras de l'époux qu'on lui a donné ; cet outrage à la nature est cependant la conséquence forcée de notre organisation sociale, car mieux vaut encore cette prostitution déguisée, que toutes les misères qui peuvent, en Civilisation, écraser une pauvre famille formée sous la seule influence de l'amour.

Leur choix fait, le jeune homme, la jeune fille le déclarent, le font régulariser; puis ils passent du vestalat dans une autre corporation : tel est le mariage en Harmonie. Ce mariage est-il indissoluble? ces nœuds pourront-ils être rompus ? la morale effarouchée nous adresse toujours ces questions avec un grand empressement.

Parmi les hommes, les uns sont organisés pour la constance en amour, les autres sont portés au changement; ces caractères divers sont dans la nature, et Dieu l'a voulu, parce qu'il est bon qu'il en soit ainsi.

Le premier de ces caractères convenait à la Civilisation, se pliait à sa forme, servait à ses vues : la Civilisation l'a accepté et sanctifié; puis elle a frappé de réprobation le caractère opposé.

Cette condamnation d'un fait naturel n'a rien changé aux tendances de l'homme : l'inconstance est restée dans les cœurs; seulement elle s'est cachée, parce qu'elle était repoussée; elle a pris un masque, elle a su mentir; elle est devenue fausse, perfide, ignominieuse.

Pourquoi Fourier n'aurait-il pas accepté l'inconstance comme tout autre penchant de l'homme ? où est le danger de l'inconstance dans le milieu social qu'il a découvert? comment la famille pourrait-elle en souffrir ?

En France, un grand nombre d'hommes graves demandent le divorce, qui existe déjà dans plusieurs contrées civilisées, et leurs adversaires ne repoussent cette proposition qu'en montrant les dangers qui accompagneraient son acceptation. Dans la Phalange, où ces dangers n'existent plus, les adversaires du divorce seraient donc les premiers à en proclamer l'opportunité.

On ne saurait trop le répéter, la loi a bien vainement décidé que tous les amours devaient être constants; combien compterait-on d'hommes arrivés à l'âge de trente ans qui soient restés fidèles à un premier attachement, qui n'aient pas eu déjà dix maîtresses! L'opinion ne pouvant flétrir une conduite si commune, déroutée par cette contradiction flagrante entre les coutumes et la loi, est tombée dans un tel excès de déraison qu'elle regarde comme des gentillesses dans un sexe ce qui déshonore dans l'autre; qu'elle appelle la victime infâme, et ne cesse pas d'honorer le complice, le séducteur, celui qui, par tous les moyens, par tous les serments, par toute la puissance de son esprit, de son expérience, a fait tomber une créature humaine, a réussi à la dégrader, à l'avilir!..... Vos jugements, Civilisés, sont-ils assez stupidement iniques?

Dans la Phalange, où les trois sexes sont indépendants l'un de l'autre par leur position sociale, par leur rang, par leur fortune, on pourra sans crainte honorer tous les caractères, qui se montreront tels qu'ils sont, et le mensonge sera banni des rapports d'amour.

Et lorsque l'amour ne sera plus compliqué, comme aujourd'hui, de considérations factices d'intérêt et d'amour-propre, une séparation ne sera plus un divorce; car le mot divorce porte avec lui une pensée de haine : une séparation se fera d'un commun accord, et l'amour sera remplacé par une affection neutre, fort puissante et fort naturelle entre gens qui se sont aimés avec passion, bien que ce sentiment soit à peu près inconnu. en Civilisation, où toute rupture est violente, parce que toujours le mensonge l'a précédée.

Dans nos Sociétés, l'amour, même dans toute sa pureté et revêtu de toute sanction légale, n'est que de *l'égoïsme à deux ;* il est d'ailleurs bien rare qu'il se montre dans les unions régulières : c'est presque toujours en dehors du droit qu'il agit dans toute son énergie, de sorte que l'amour, en Civilisation, est une passion funeste, puisqu'il pousse si souvent au mal et si rarement dans le droit chemin.

En sera-t-il toujours ainsi ? Faut-il voir dans ce puissant ressort, dans ce sublime présent de Dieu [1], la source certaine d'un désordre qu'aucune combinaison sociale ne permettrait d'éviter ? N'est-il pas plus religieux d'admettre, avec Fourier, que cette passion EST pour un but doublement utile ; de chercher comment, après

---

[1] Dieu a voulu que l'homme pût choisir dans tous les règnes de la nature ce qui lui convient pour lui-même ou pour l'offrir à ceux qu'il affectionne.

Dieu a voulu plus encore, il a permis à l'homme de faire le don le plus magnifique, le don de l'œuvre la plus parfaite du globe, le don de lui-même, et ce don précieux doit être reçu avec le plus grand bonheur. Tel est l'amour que des Moralistes ont essayé de flétrir, dédaignant, repoussant ainsi un des plus grands bienfaits du Créateur.

Le mépris de l'amour, cette résistance au vœu de la nature, a

avoir rempli sa tâche directe en assurant la conservation de l'espèce, l'amour peut encore exercer une salutaire influence sur le mouvement social, en passionnant les hommes pour le beau et pour le bon ?

Cette influence directe de l'amour sur les faits sociaux s'est montrée déjà dans le moyen âge : à cette époque toute guerrière de la vie humaine, l'amour, qui avait reçu un commencement d'organisation, poussait les chevaliers aux combats, aux tournois, aux grands coups de lance. Dans l'avenir, l'amour, s'il était complétement organisé, ne pourrait-il agir d'une manière analogue, mais pour un autre but, mais en faisant sentir à l'un des sexes le besoin de s'illustrer, de s'embellir, aux yeux de l'autre, d'une auréole de savoir, d'honneur, de vertu ?

En Harmonie, les relations d'amour, comme toutes les relations, conduisent à une organisation régulière en groupes et séries, groupes et séries comprenant l'âge

souvent conduit l'homme à l'état le plus abject. L'attraction spirituelle et corporelle à la fois, l'amour noble et vrai, a fait place, chez de saints personnages, au plus grossier appétit charnel, contre lequel ils se débattaient sans cesse hideusement. Qu'on lise la vie et les tentations de saint Jérôme, dont l'âme s'usait contre un corps échauffé par les privations et dévoré par un ignoble rut, et qu'on se demande si Dieu a créé l'homme pour ces luttes répugnantes, si saint Jérôme, aimé d'une femme, entouré d'enfants, n'eût pas mieux compris les vues de la Providence, mieux marché dans les voies de la sagesse.

pubère seulement. La transition entre les deux âges est sagement ménagée, comme nous l'avons dit, par l'institution du Vestalat, où déjà l'amour est connu, mais par son seul ressort animique.

En sortant du Vestalat chacun doit entrer dans une corporation qui a pour règle la constance ; quelques-uns s'arrêteront définitivement à cette corporation ; mais la plupart en sortiront quand leur caractère se sera bien dessiné sous le rapport amour ; puis chacun s'enrôlera dans celle des corporations de la série amoureuse dont la règle, plus ou moins sévère, est en accord avec ses penchants et son tempérament.

Les statuts des diverses corporations de cette série sont assez variés pour que chacun puisse trouver ce qui convient à sa nature ; de cette manière, nul n'aura intérêt à dissimuler, et tous, se faisant connaître tels qu'ils sont, obéiront scrupuleusement aux lois sous lesquelles ils se seront rangés, puisqu'en agissant autrement ils se déshonoreraient sans motif, étant toujours libres de suivre une autre règle, en le déclarant, en passant dans une autre corporation.

Ainsi la liberté tuera le mensonge, et la vérité présidera à tous les rapports d'amour, ainsi, chacun mettant son caractère au grand jour, nul, en aimant, ne pourra craindre des déceptions.

La franchise et l'absence du mal ne suffiraient pas

pour qu'une corporation fût honorable et honorée ; il faut encore qu'elle produise le bien, qu'elle concoure positivement au bonheur général, et par ses actes, et par le charme qu'elle répandra dans les travaux.

Nous ne pourrions, sans sortir du cadre que nous nous sommes tracé, exposer ici le rôle particulier de chaque corporation amoureuse; mais, pour montrer que nous ne craignons pas de faire connaître toutes les idées du Maître, après avoir parlé du Vestalat et de la corporation suivante qui a pour règle la constance, nous irons chercher, à l'autre extrémité de la série, une corporation dont le nom a effarouché tous les Moralistes, la corporation qui usera le plus largement de la liberté en amour : LES BACCHANTES.

Il est des femmes courageuses et fortes qui aiment les travaux virils, qui se plaisent dans les rassemblements guerriers. Aux époques subversives, ces femmes sont des *Bradamantes*, des *Clorindes*, des *Jeannes d'Arc*, et, sous des dehors moins poétiques, ces *cantinières* qui partagent si résolument la fortune de nos soldats. Ce type de femme, relevé par tout ce que l'éducation harmonienne ajoutera à sa grâce, à la noblesse de ses sentiments, est ce que Fourier appelle la *Bacchante*.

Les Bacchantes seront partie essentielle de toutes les armées industrielles, où, tout en partageant les travaux de l'autre sexe, elles se réserveront les détails qui ne conviennent qu'au leur. C'est un noble caractère que celui de la Bacchante! N'est-on pas ému en pensant à ces faibles femmes, qui, sur le champ de bataille, oublieuses du danger, prodiguent des soins à tous ceux qui souffrent, portent secours à tous ceux qui tombent. Généreuses, dévouées, intrépides, comme elles aiment leurs frères d'armes! comme elles sont aimées d'eux! Quelquefois l'étoile des braves a décoré leur poitrine, et vous-mêmes, Moralistes, vous eussiez applaudi avec toute l'armée, et sans demander auparavant si, dans la vie des camps, la cantinière n'a jamais été femme, si toujours elle a repoussé l'amour qu'elle inspirait.

Puisque, dans les armées industrielles, le rôle de la Bacchante est évidemment utile, Dieu a dû donner à un certain nombre de femmes un caractère qui leur permît de le remplir. La femme timide et réservée aura sa place au foyer de la Phalange, mais elle serait malheureuse et déplacée dans le tumulte des camps, dans le mouvement des armées. Là, c'est la Bacchante qui convient : Dieu l'a créée pour ce rôle, qu'elle remplira dignement. Pour des fonctions aussi opposées, il fallait des caractères opposés. Pourquoi repousser l'un, quand tous deux sont dans la nature, quand tous deux sont indispensables à l'Humanité [1]?

(1) « Du reste elles (*les Bacchantes*) seront ennemies de la vénalité. Une Bacchante qui serait convaincue de la moindre faute en ce-

Par quelle étrange aberration la Civilisation, hideuse de souillures, la GRANDE PROSTITUÉE, crie-t-elle à l'immoralité en nous écoutant? Il faut choisir entre cet avenir où les sexes ne s'appartiendront qu'entraînés par le cœur, conformément à la loi divine, et le présent où la volonté de Dieu est perpétuellement et scandaleusement outragée, où cette passion si légitime dans son essence, l'amour, ne peut se satisfaire qu'en attaquant l'ordre, qu'en violant la règle établie. Sommes-nous immoraux, parce que nous préférons la loyauté, la vérité, l'utilité dans les relations amoureuses, aux turpitudes qu'elles présentent en Civilisation? parce que les Bacchantes et les Bayadères [1] nous paraissent honorables, autant que la prostitution nous révolte?

Soyez francs, Moralistes; à la pensée de ces mœurs nouvelles, de ces amours reliés à l'industrie, loyaux,

genre serait honteusement destituée et flétrie par le sobriquet d'AMIE DU COMMERCE; elle perdrait tous ses droits à l'avancement qui peut la conduire, comme nos militaires, jusqu'au grade de *maréchale*, et plus loin encore. »

(*Réforme industrielle*, art. de Fourier.)

(1) Les *Bayadères* et les *Bayaders* seront des artistes qui parcourront les Phalanges et les armées, et concourront puissamment à répandre le charme, à embellir les fêtes, à passionner pour le beau. *Ninon de Lenclos* eût été une Bayadère. Ninon ne savait ni tromper, ni se vendre, et ses anciens amants étaient à jamais ses amis. Ninon attirait à elle par son esprit, sa grâce, sa bonté, les hommes les

naïfs, naturels, bien au - dessus de toute vue intéressée, sentez-vous vous monter au cœur ce dégoût
que vous éprouviez lorsque nous vous parlions de la
corruption de l'enfance et des autres plaies de nos Sociétés? Comprenez-vous enfin que la vertu n'est pas
une chose mystique, arbitraire? que la vertu devant
se mesurer par ses effets, par son concours au bonheur de l'espèce, l'inconstance devient vertu dans une
corporation où la constance serait moins utile à l'Humanité? N'admettez-vous pas avec nous que l'amour
est une passion fort innocente, et qu'il faut élargir le
cercle où il peut agir librement, à mesure que le danger
de la liberté recule par le progrès de la Société.

La religion même n'a rien à dire : elle ne prescrit
pas le mariage exclusif d'une manière absolue; elle le
veut, elle a raison de le vouloir en Civilisation; mais
elle modifie la loi avec la forme des sociétés : ce qui le

plus distingués de son siècle, et quoique la plupart n'aient jamais
songé à des rapports plus intimes, tous trouvaient auprès d'elle un
délassement à leurs fatigues, un encouragement à leurs travaux.
Ninon cependant était dans une position fausse que n'accepterait pas
la Bayadère de l'avenir, elle violait la règle établie dans la société
où elle vivait.

Ninon était une infâme, diront certains Moralistes théoriciens
qui auraient brigué les premiers l'avantage d'être admis dans le
cercle si distingué où cette femme présidait. *Heureuse l'Humanité,
quand elle ne connaîtra plus d'autre infamie que celle des Ninons!*
Si Ninon était infâme, de par la justice et la logique, ces grands
hommes du grand siècle, qui s'honoraient de son amitié, étaient
infâmes au même degré.

prouve, c'est qu'au temps du Patriarcat, elle permettait aux plus saints personnages la polygamie et le concubinage.

Mais la pudeur n'est donc qu'un vain mot? que deviendra-t-elle dans ce pêle-mêle, dans ce désordre, dans cette promiscuité?

La pudeur [1]!... Les Civilisés sont tellement habitués à voir singer toutes les vertus, dans leurs Sociétés corrompues, qu'ils ont fini par douter qu'elles soient réellement et naturellement au cœur de l'homme.

Vous croyez donc que la pudeur n'est qu'hypocrisie, qu'elle vient seulement de la crainte du blâme et des châtiments temporels ou éternels. Car, si vous admettez que la pudeur est vraie, indépendante de toute loi, de toute convention, pourquoi disparaîtrait-elle d'un milieu organisé pour le libre développement de tout ce qui est en nous [2]?

Et dans ce milieu il n'y aura ni pêle-mêle, ni dés-

(1) Dieu n'a-t-il pas établi que les sexes iront l'un à l'autre attirés par l'amour?..... N'est-ce pas par la passion seule que la pudeur de la femme est sauvée?..... Et si, en Civilisation, il y a nécessité de se préoccuper, pour les rapports des sexes, de considérations étrangères aux attraits du cœur, n'est-ce pas un malheur, une profanation, une violation de la loi de Dieu?

(2) Un Turc, bon moraliste, qui ne saurait rien de la Civilisation, affirmerait, sans aucun doute, que la femme, si elle était affranchie et livrée à elle-même, se donnerait au premier venu, à chaque instant et en tout lieu. Cependant la femme a été délivrée de ses gar-

ordre, ni promiscuité, puisque tout y est classé, ordonné, régularisé; puisque chaque caractère y trouve une place légale, un emploi utile, un rôle honorable!

Vous tenez donc bien à la loi de contrainte amoureuse, malgré cette longue expérience qui la montre toujours escortée des plus sales prévarications.

Alors rassurez-vous! ni vous, ni vos enfants ne verrez ces mœurs nouvelles. La Civilisation a trop dégradé l'homme au physique et au moral, elle l'a frappé de trop d'infirmités de tous genres pour qu'il puisse songer à organiser la liberté amoureuse, avant de s'être relevé de sa chute, avant de s'être régénéré dans son âme et dans son corps par le fait du passage de plusieurs générations à travers le milieu réformé. Rassurez-vous, vous jouirez longtemps encore du mariage exclusif; vous en jouirez jusqu'à ce que l'homme en soit las, jusqu'à ce que les pères et les époux sentent que les temps sont venus, qu'il faut expulser enfin le mensonge du poste où il se sera retranché en dernier lieu : l'amour et la famille.

diens, elle vit, en Civilisation, libre de toute contrainte matérielle; et son caractère s'est ennobli par la liberté, et la femme civilisée est fière et pudique mille fois plus que la femme du harem. Si la femme était affranchie de la contrainte morale et légale qui pèse sur elle dans nos Sociétés, et contre laquelle elle réagit par la fausseté; si elle était abandonnée sans entraves à son tact délicat, à son exquise sensibilité, ne s'élèverait-elle pas encore plus haut, ne dépasserait-elle pas la femme de la Civilisation, par un sentiment plus profond de la dignité de son sexe?

Cependant la réforme que nous proposons atténuera beaucoup le mal. Cette réforme assurant aux trois sexes des sorts indépendants, les choix seront plus naturels, les rapports sympathiques étant seuls consultés. D'autre part, l'accord entre les époux ne sera plus troublé par ces aigres discussions qui s'élèvent sur les détails de la vie commune, lorsque la direction de ces détails n'appartiendra ni à l'un ni à l'autre.

Telles sont les vues d'avenir qui ont fait porter contre nous l'accusation d'immoralité.

L'École est accusée parce que Fourier a exprimé une pensée évidemment juste, parce qu'il a écrit que, tout étant lié dans le mouvement social, les mœurs des Sociétés futures ne ressembleraient pas aux mœurs de la Civilisation, pas plus que les mœurs de la Civilisation ne ressemblent aux mœurs barbares, patriarcales ou sauvages.

Après avoir déclaré qu'il nous importe assez peu qu'on rejette sur ce point les idées de Fourier, parce que ces idées ne touchent en rien au projet dont nous poursuivons la réalisation, nous avons répondu directement. Nous avons fait sentir que le mot VERTU serait vide de sens, si la vertu ne se mesurait pas au bien qu'elle apporte à l'Humanité. Toute la question est là : si l'on ne définit pas la vertu, on reste dans un

vague où il est impossible de s'entendre; si l'on définit, on est forcé de le faire dans les termes mêmes que
nous employons.

Quelques-uns croient définir en disant : *le bien est
ce que Dieu ordonne ; le mal est ce que Dieu défend.*
Ils font ainsi une pétition de principes, et non pas une
définition. Qu'ils ajoutent : *Dieu a voulu que le bien
fût utile et le mal nuisible*, et nous serons d'accord
avec eux. Mais s'ils admettent que Dieu peut comman-
der arbitrairement, peut, par fantaisie, ordonner aujourd'hui ce qu'il réprouvait hier; s'ils prétendent,
par exemple, qu'après avoir dit à l'homme : *Tu ne
tueras point*, Dieu a voulu qu'un père *immolât son fils
innocent*, nous le nierons, quand toutes les traditions,
tous les conciles, tous les papes se réuniraient contre
nous, parce que nous croyons en Dieu, plus encore
que nous ne croyons aux papes, aux conciles et aux
traditions, en Dieu qui a mis dans notre cœur un sentiment du juste, un bon sentiment par lequel nous
nous soulèverions *contre lui-même*, s'il commandait
un parricide, s'il enjoignait au fils de violer sa mère,
au frère de manger sa sœur, suppositions monstrueuses
à un égal degré.

En ordonnant aux créatures, TOUJOURS DANS L'INTÉ-
RÊT DES CRÉATURES, Dieu satisfait pleinement la raison
qu'il nous a donnée pour le comprendre. Mais s'il
ordonnait capricieusement, parce qu'il est le maître,

l'homme se soumettrait peut-être, comme Abraham, pour flatter un despote dont il aurait peur ; mais Dieu gouvernerait à un titre indigne de lui, PAR LE SEUL DROIT DU PLUS FORT !

Partant de cette définition du mot vertu, *hors de laquelle on tombe inévitablement dans l'arbitraire, dans le puéril et dans l'absurde* (1), Fourier a posé que les rapports des sexes seront vertueux, d'autant plus qu'ils contribueront plus puissamment au bonheur de l'espèce humaine.

En conséquence, il a cherché comment les hommes pourraient être organisés, quant aux relations d'amour, en corporations assez nombreuses pour que chaque

(1) Pour n'avoir pas compris le sens du mot *vertu*, avant et depuis Cicéron, les hommes ont prétendu se faire un mérite d'actes incroyablement absurdes. Les uns ont voulu *mériter* en renonçant à parler, sans doute parce que Dieu nous a doués de la parole afin que nous gardions le silence ! Les autres ont bien consenti à utiliser le sens de la *vue*, mais seulement pour contempler obstinément le bout de leur nez ! Ceux-ci, méprisant le *tact* que Dieu a doué d'une exquise sensibilité pour que nous soyons à l'instant prévenus de toute approche désagréable ou dangereuse, l'ont brutalement offensé en se couchant sur la cendre, sur la pierre ou même sur des pointes de fer ! Ceux-là ont imaginé de tourmenter le sens du *goût* et son subordonné *l'estomac*, en leur refusant même le nécessaire ! Ils se sont conduits comme un enfant que sa mère, dans sa tendre sollicitude, aurait couvert de vêtements chauds et commodes, et qui s'empresserait de les souiller, de les lacérer : se dépouillant ainsi, non par étourderie, mais par une volonté froidement raisonnée ! non pour couvrir ceux qui sont nus, mais pour montrer le mépris qu'il a pour ces choses qui lui ont été données avec tant d'amour !....

caractère trouvât sa place naturelle, une place qui lui permît de se dessiner franchement, de se développer librement, sans cesser d'être utile et noble à un haut degré.

Les mœurs de la Civilisation peuvent-elles soutenir le parallèle avec les mœurs décrites par Fourier! Les hommes sont-ils donc assez aveuglés par les préjugés, pour ne pas voir immédiatement de quel côté est la vertu, de quel côté est l'immoralité et l'ignominie?

Mais ce n'est pas à la Civilisation, à ce qui est, que songent les Moralistes quand ils nous combattent : ces hommes, qui nous appellent *utopistes*, prennent pour terme de comparaison un idéal qu'ils ont rêvé, une Société imaginaire et impossible , où chaque femme serait une *Baucis*, chaque homme un *Philémon*, Société où les humains marcheraient deux à deux, chaque couple s'isolant le plus possible des couples voisins.

Comme ils ont les yeux *crevés* par cette vérité qu'il y a des hommes et des femmes fort peu semblables au couple modèle, ils pensent modestement que c'est une faute que Dieu eût évitée s'il les eût consultés, et fabriquent des traités de morale pour réparer cette faute, en réprimant certains penchants dont Dieu a malencontreusement gratifié l'espèce humaine.

Et quand ils ont lancé, *ad hoc*, quatre cent mille

volumes, sans avoir modifié d'un atome le système passionnel de l'homme, ils se disposent à en lancer quatre cent mille autres, avec la patience de Sisyphe roulant son roc vers le sommet où jamais il ne doit l'asseoir.

A ceux qui les dérangent un instant de leur œuvre *danaïdale*, pour leur montrer une route nouvelle, une route conduisant plus sûrement au but, ils crient en grossissant leur voix : IMMORALITÉ !

Immoralité !... parce que nous acceptons tous les caractères pour les utiliser et les ennoblir, tandis que vous ne savez que les dégrader en les repoussant !

Immoralité !... parce que nous présentons de hautes fonctions, de nobles rôles, aux Aspasies, aux Ninons, aux Jocondes, aussi bien qu'aux Pénélopes et aux Orphées; tandis que vous n'offrez que le désordre et la débauche aux caractères volages, que l'égoïsme conjugal détaché du mouvement social aux caractères constants !...

Immoralité !... parce que nous croyons en Dieu, parce que nous affirmons qu'il a tout fait pour le bien ; tandis que vous osez prétendre que, en organisant l'homme, Dieu a travaillé pour le mal.

En terminant sur un sujet si difficile, il doit nous être permis d'appeler le Maître au secours du disciple; nous allons donc citer Fourier. Par cette citation, il sera bien établi que les Moralistes, s'ils éblouissent par quantité de bonnes intentions, ne brillent pas, à beaucoup près, d'un pareil éclat, par la logique et le raisonnement. Ne pouvant s'occuper de tous les livres de morale, il y en a des milliers, Fourier a choisi un des ouvrages qui sont admirés avec le plus de ferveur ; il a pris TÉLÉMAQUE. Que dira-t-on s'il est prouvé que, dans ce livre si vanté, il n'y a pas un atome du plus simple bon sens. *Ab uno disce omnes !*

La citation, à cause de sa longueur, a été placée à la fin du volume.

LIVRE QUATRIÈME.

UNITÉ DE L'HOMME AVEC DIEU
ET AVEC L'UNIVERS.

CHAPITRE VII.

COSMOGONIE.

> Il y a aussi des corps célestes et des corps
> terrestres, mais les corps célestes ont un
> autre éclat que les corps terrestres.
> Le corps, comme une semence, est main-
> tenant mis en terre plein de corruption,
> et il ressuscitera incorruptible.
> Il est mis en terre comme un corps ani-
> mal, et il ressuscitera comme un corps
> spirituel : *comme il y a un corps animal,
> il y a un corps spirituel*, selon qu'il est
> écrit.
>
> St. Paul *aux Corinthiens.*

> Vous prendrez la forme d'un ange;
> De l'air vous parcourrez les champs.
> Votre joie, alors sans mélange,
> Vous dictera les plus doux chants.
> L'aimable paix, que la terre a proscrite,
> Ceindra de fleurs votre front radieux.
> Ah ! sans regret, mon âme partez vite,
> En souriant, remontez dans les cieux.
>
> De Béranger.

Nous avons prouvé qu'il était donné à l'homme de
se placer dans un milieu où il serait *en unité avec lui-
même,* où il y aurait accord parfait entre ses penchants
et ses devoirs, entre sa passion et sa raison. Mais l'unité

de l'homme avec lui-même ne constitue pas, à elle seule, L'UNITÉ UNIVERSELLE, qui se compose de trois branches :

1°. Unité de l'homme avec lui-même ;
2°. Unité de l'homme avec Dieu ;
3°. Unité de l'homme avec l'univers.

Et, si tout finissait avec la vie présente, l'homme, sous plusieurs points essentiels, ne serait pas *en unité avec Dieu*, qu'il pourrait accuser encore d'injustice et de partialité.

Les hommes, vivant ensemble dans le même siècle, auraient bien des intérêts à peu près identiques, pendant la majeure partie de leur existence, mais il n'y aurait pas de liens entre les diverses générations. Ainsi, ceux qui ont vécu pendant les périodes douloureuses de la vie humaine, ceux qui, par un travail d'esclave, en créant l'industrie, les arts, les sciences, ont donné puissance d'organiser l'Harmonie, pourraient reprocher à Dieu de les avoir créés dans les âges de souffrance, en réservant ses privilégiés pour les époques de bonheur. En Harmonie même, le mal existera, bien que réduit à la proportion de l'accident, et celui qui, lésé par un accident dans son développement passionnel, dans l'essor de ses facultés, sentira que sa vie est en partie manquée, accuserait Dieu avec raison. Puis le vieillard, le malade au bord de la tombe, seraient sans lien avec les choses de la terre ; car, à l'instant suprême, qu'auraient-ils à s'inquiéter des progrès, des améliorations, des découvertes ? Quelle solidarité entre eux et ceux qui leur survivront ?

Une vie ultérieure est nécessaire pour résoudre ces difficultés, elle est nécessaire encore, parce que Dieu, qui en a mis le désir au cœur de tous les hommes, ne peut leur avoir donné cette préoccupation pour leur tourment.

Pour que notre destinée soit une, pour que le sort de chacun soit toujours dépendant du sort de l'espèce entière, il faut que l'autre vie soit liée à la vie présente, que les deux mondes soient solidaires, que dans l'un on ne puisse pas être indifférent à ce qui se fait dans l'autre.

Pour que nul ne puisse se plaindre d'avoir été traité avec défaveur, il faut que les existences individuelles se compensent, s'équilibrent ; et cet équilibre doit naître naturellement des lois de la création, sans que Dieu, à chaque instant, ait à intervenir, à modifier l'ordre établi.

La conception de Fourier remplit-elle ces conditions, résout-elle ces difficultés ; et le peut-elle *seule*, à L'EX-CLUSION de toute autre théorie cosmogonique ?

Les substances que nous offre la nature peuvent se classer en deux catégories bien distinctes, par leurs propriétés et par leur mode d'action sur nos sens.

La première catégorie comprend les substances que nous pouvons saisir, diviser, transporter, peser, les substances *pondérables*.

La seconde se compose de substances tellement subtiles qu'elles échappent souvent à nos sens, quoiqu'elles puissent se manifester, dans certains cas, par des effets d'une effrayante énergie. Ces substances, dont nous ne pouvons nous rendre maîtres d'une manière absolue, auxquelles les balances les plus délicates ne font reconnaître aucun poids, sont les *fluides impondérables*, que nous désignerons encore sous le nom d'*aromes* [1].

Le globe est donc composé de substances pondérables et d'aromes.

L'âme humaine, avons-nous dit, est un moteur : ce moteur a besoin d'instruments pour se manifester.

Dans la vie présente, appelée à agir prédominemment sur la partie pondérable du globe, l'âme prend un instrument, un corps de nature pondérable.

Mais s'il est dans la destinée de l'homme de gérer le globe, et de le gérer dans toutes ses parties, pour agir

---

[1] Ici je ne m'occupe pas de physique, je n'ai pas à examiner si le calorique, l'électricité, la lumière, etc., sont des fluides ou simplement des états particuliers d'agitation, de vibration de certains milieux. Il suffit que toujours les physiciens soient dans la nécessité d'admettre l'existence de substances infiniment plus subtiles que les fluides les plus légers dont une balance peut accuser la présence. Ce sont ces fluides, éther ou calorique, lumière et autres, que je désigne sous le nom de fluides impondérables, d'*aromes*.

sur les éléments qui échappent à nos sens matériels,
sur les éléments aromaux, l'âme aurait besoin, dans
la seconde vie, d'un instrument plus subtil, plus raffiné,
d'un corps aromal.

Ainsi la vie présente est une *vie terrestre*, pendant
laquelle l'âme agit, par l'intermédiaire d'un *corps
pondérable*, sur la partie pondérable du globe.

La vie ultérieure serait encore une vie *terrestre*,
pendant laquelle l'âme agirait, par l'intermédiaire d'un
corps aromal, sur les éléments aromaux qui entrent
dans la composition de la planète.

Ainsi, dans les deux vies, l'âme serait toujours unie
à la matière. Il est difficile en effet de concevoir ce que
serait une âme sans moyen de manifestation. Cette
croyance, d'ailleurs, ne tend nullement au matéria-
lisme : l'âme serait immortelle, quoique toujours unie
à des corps mortels qu'elle abandonnerait au décès
pour des corps nouveaux. C'est même ce que l'Eglise
catholique enseigne comme dogme fondamental, lorsqu'elle parle de résurrection avec des *corps glorieux*.

Il ne répugne en rien à l'intelligence d'admettre que
les molécules de la substance aromale peuvent se réunir
pour former un corps dirigé par l'âme, comme le font
les molécules de matières pondérables, les molécules
d'oxigène, d'hydrogène, d'azote, etc. Si l'on est étonné
d'abord de cette pensée, c'est qu'elle frappe par sa
nouveauté, c'est qu'elle tranche avec de vieux préjugés,

c'est qu'elle sort des spéculations habituelles de l'esprit.

Ainsi, les deux existences auraient lieu sur le globe. Dans la vie présente, *vie mondaine, vie inférieure*, on serait, sauf exception, sans communication avec la vie aromale, *vie ultra-mondaine, vie supérieure*, parce que les choses et les êtres de cette vie échappent par leur subtilité à nos sens grossiers.

Dans la vie aromale, sans entrer en relation avec les *mondains*, on pourrait les voir, les comprendre, les suivre dans toutes leurs actions.

Avant de se prononcer sur une conception aussi neuve, il faut chercher à la bien saisir, et avoir la patience d'attendre les développements que nous avons à donner.

Une vie aromale, c'est-à-dire le temps pendant lequel l'âme est en possession d'un même corps aromal (d'un même corps sauf les accroissements, décroissements, modifications moléculaires, etc.), est, comme la vie présente, composée de veilles et de sommeils.

Un ultra-mondain fonctionne, au milieu de ses semblables aromaux, pendant une veille qui peut avoir deux fois la durée de la vie mondaine, deux siècles environ.

A la fin de cette veille, de ce jour de la vie supérieure, le corps aromal a besoin de repos ; il s'engourdit, se livre au sommeil. Pendant ce sommeil, l'âme ne peut employer le corps aromal ; il lui faut un autre instrument, qu'elle trouve dans la vie mondaine, dans un corps pondérable : l'instant du sommeil, dans la vie aromale, est l'instant de la naissance à la vie présente, l'instant où l'âme vient s'emparer d'un corps nouvellement formé. La vie inférieure est le sommeil, la nuit, le songe de la vie supérieure.

Le corps pondérable n'offrant à l'âme que des organes absolument neufs, vierges par conséquent de toute impression du passé, l'âme chercherait vainement, sur ces organes, la trace de ses existences antérieures. L'éducation du nouveau corps est entièrement à faire ; c'est un livre dont tous les feuillets sont blancs, et sur lequel il faut écrire pour lui donner de la valeur.

Le corps pondérable se développe sous l'influence de l'âme, il acquiert petit à petit toute sa force ; puis, après être resté à peu près stationnaire à son apogée, pendant un temps plus ou moins long, il décline, il vieillit, il parvient à un état tel que l'âme, ne pouvant plus en tirer parti, l'abandonne comme on abandonne un vêtement usé.

Cette séparation de l'âme et du corps pondérable, *la mort,* est le réveil du corps aromal. Sa nuit est finie, l'âme en reprend possession, et rentre dans la vie supérieure où elle retrouve le souvenir des existences ultra-mondaines précédentes qui ont impressionné activement ses organes aromaux, et le souvenir des existences mondaines qui ont agi passivement [1] sur ces mêmes organes, pendant leur sommeil. Ainsi il y a double mémoire dans la vie supérieure, et dans celle-ci double lacune de mémoire.

La vie de l'homme est donc composée de trois termes :

1°. Vie simple ou *sommeil;*
2°. Vie composée ou *veille;*
3°. Vie surcomposée ou *vie aromale.*

Ainsi l'âme alterne entre les nuits et les jours, entre la vie mondaine et la vie ultra-mondaine. En rentrant dans la vie supérieure, l'âme retrouve les affections, les plaisirs, les travaux interrompus par le passage à la vie présente, comme nous retrouvons au réveil les amis et les choses quittés la veille, quels qu'aient été les songes de la nuit. En descendant à la vie inférieure, l'âme prend chaque fois un nouveau corps, commence une nouvelle existence, toujours liée à la vie générale de l'espèce, mais sans rapports directs avec ses existences antérieures. C'est ainsi que les songes sont indépendants les uns des autres, ne forment pas une suite.

(1) Le corps pondérable reçoit l'empreinte directe des événements de la vie présente, et le corps aromal, qui dort pendant que ces événements ont lieu, reçoit une contre-empreinte que l'âme consulte en retournant à la vie supérieure.

La conception de Fourier est une *métempsycose*, mais une métempsycose essentiellement distincte de la métempsycose *simpliste* des anciens ; l'immortalité qu'il a comprise est, comme il le dit, une IMMORTALITÉ BICOMPOSÉE.

Pour s'élever à la découverte de la vie ultra-mondaine, il fallait être guidé par une foi sans bornes dans la Providence, foi qui devait naître seulement dans un esprit sachant, par la connaissance des lois du mouvement social, que ces lois peuvent conduire au bonheur, que Dieu ne veut jamais le ·mal, le mal que l'homme peut toujours vaincre par la science, partout où il se montre.

L'homme ne pouvait donc connaître sa destinée dans la vie supérieure avant d'avoir compris et conquis sa destinée dans la vie inférieure. L'homme, pour son grand avantage, est forcé de suivre cet enchaînement en allant d'une vérité à l'autre. Dans les périodes subversives de la vie humaine, si l'homme eût été sans incertitude sur le sort qui lui serait réservé après la mort, combien de fois ne se serait-il pas soustrait, par le suicide, aux douleurs qui l'accablaient !

Par la même raison, la transition à la vie supérieure, la mort, doit être une transition douloureuse. Sans la répugnance qu'elle inspire, le passage eût été trop facilement franchi, pendant les phases pénibles de la vie de l'humanité. Mais en Harmonie, la mort pourra sans danger inspirer moins d'effroi. Aussi, quand par la culture et l'assainissement de toutes les parties de la terre, par l'emploi équilibré de toutes ses facultés, l'homme aura triomphé de tant de maladies qu'il s'est données par la mauvaise gestion du globe et par l'emploi inharmonique de son individu, presque tous parviendront à un âge avancé, presque tous s'éteindront de la mort naturelle, sans secousse et sans douleur. La mort aura d'ailleurs perdu toute son horreur morale, quand tous auront bien compris qu'elle n'est qu'une transition, qu'elle ne nous sépare que pour un instant de ceux qui nous sont chers; que les défunts continuent à nous suivre de leurs vœux, à s'intéresser à nos actes; qu'ils seront là pour nous recevoir quand la mort nous aura frappés à notre tour; quand tous seront certains que l'adieu que nous disons au monde inférieur n'est pas définitif; que d'ailleurs, dans l'autre vie, le bonheur nous attend, plus complet, plus raffiné encore que dans la vie présente (la vie présente en Harmonie où le bonheur se trouvera).

Avec ces saines idées sur l'avenir, les hommes verront tranquillement la mort s'approcher. Tout ce qui tend à troubler l'homme, à la pensée de l'une quelconque des phases nécessaires de son existence, est antireligieux. Il est ridicule, odieux même à ceux qui parlent d'une âme immortelle, d'appeler l'attention, pour épouvanter les faibles, sur la décomposition, sur la putréfaction d'un cadavre. Qu'est-ce qu'un cadavre, sinon un vêtement usé ou vieilli, que l'âme a rejeté comme n'étant plus digne d'elle? Qu'importe ce qu'il devient, quand l'âme n'y est plus? S'inquiète-t-on sur le sort d'un vieux manteau ?

Cette transition, la mort, est absolument nécessaire pour qu'il y ait mouvement et vie. Si un homme était arrêté, pendant plusieurs siècles, à un même point de son développement, de sa carrière, il serait bientôt saturé et dégoûté de tous les plaisirs auxquels il serait apte dans son état actuel. En toutes choses il faut de la variété : variété dans les travaux et dans les jouissances, variété et alternat dans les existences.

Toutes les lois naturelles ont leur raison d'être, leur justification, que l'on peut découvrir de même quand on cherche avec confiance. Ainsi nous avons dit qu'il y avait oubli dans la vie présente. C'est que cette vie, la vie inférieure, serait fade, si la comparaison y était possible entre ses jouissances et les jouissances de la vie supérieure. Dans la vie supérieure ce danger n'existe plus. Aussi, là on a le souvenir, sans lequel, la continuité de l'existence n'étant pas sentie, l'immortalité ne serait, pour ainsi dire, qu'un mot.

La promesse que, sauf l'accident, l'homme ne connaîtra pas la maladie dans la vie harmonienne, fait toujours sourire les incrédules. Quoi de plus facile à admettre cependant?

Quand, pour la première fois, l'homme a paru sur la terre, pense-t-on que Dieu l'avait gratifié déjà de phthisies, de rhumatismes, de scrofules, de fièvres, de pestes, etc.? Si ces maladies ont frappé l'homme, c'est qu'il se les est données, d'abord par ses excès ou son inaction, c'est-à-dire en n'employant pas toutes ses facultés régulièrement et avec équilibre, puis par la mauvaise gestion du globe, dont les parties mal élaborées donnent naissance aux fièvres, aux miasmes pestilentiels, etc. En Harmonie, vivant sans inquiétude, sans douleur morale, dans les conditions les plus favorables à son organisme, l'homme verra petit à petit les maladies disparaître avec les causes qui les ont engendrées.

Les animaux sauvages, sur lesquels l'ignorance de l'homme ne peut agir pernicieusement, jouissent déjà, en partie, de cet avantage d'une vie sans infirmités, bien que la mauvaise gestion du globe réagisse nécessairement sur eux-mêmes. Ne sent-on pas que Dieu, en accordant aux animaux un tel privilége, eût agi avec déraison s'il eût refusé le même avantage à l'homme, au roi de la terre, qui ne doit rien avoir à envier aux êtres inférieurs?

Un des plus sérieux obstacles à la propagation des

idées de Fourier, c'est que les hommes, habitués à souffrir et à voir souffrir autour d'eux, n'ont en Dieu qu'une
demi-confiance; la foi manque, la foi intégrale par
laquelle, comprenant la cause d'une chute temporaire,
ils travailleraient efficacement à se relever. Avec cette
foi, la question même de la vie future se poserait
nettement à leur esprit; ils sentiraient qu'une théorie,
sur ce point, est d'autant plus près de la vérité, qu'elle
est capable d'inspirer de meilleurs sentiments, d'exciter
des passions plus généreuses, de présenter le Créateur
sous un aspect plus majestueux; ils avoueraient qu'une
conception assez parfaite pour satisfaire toutes les aspi-
rations humaines [1] serait la vérité même, car ce que
Dieu a décidé doit convenir à l'homme mieux que ce
que l'homme peut imaginer.

Alors nous n'éprouverions aucun embarras pour
défendre la solution donnée par Fourier au problème
de l'immortalité. Nous demanderions simplement si
toutes les conséquences de cette solution ne sont pas
heureuses; si tout, en l'homme, ne s'émeut pas pour
l'accepter.

Nous allons examiner la question sous plusieurs faces,
la livrant d'ailleurs aux méditations et affirmant que

____

[1] On nous dit souvent : *Il serait bien heureux que cela fût vrai,
mais qui le prouve ?....... Ce qui le prouve*, répondrait-on si l'on ne
se défiait en rien du Créateur, *c'est qu'il serait bien heureux que cela
fût.*

chaque nouvel aspect sous lequel on envisagera la solution, fournira une preuve nouvelle de sa solidité.

Ainsi tout se réunirait pour donner la preuve morale, la preuve de sentiment, de cette immortalité que
Fourier nous a révélée; et cette conception, qui repose
sur les données les moins mystérieuses, les plus simples,
les plus faciles à admettre, jouirait bien, à l'exclusion
de toute autre, de la propriété de tout expliquer, de
résoudre toute difficulté, de repousser toute accusation
contre Dieu, sans demander à la raison aucune abdi-
cation de ses droits.

Sans rien changer à l'ordre immuablement établi,
Dieu est juste envers toutes les générations et tous les
individus. Les hommes qui formaient autrefois la population du globe la forment aujourd'hui et la formeront encore dans l'avenir, et aucune génération n'est
réservée pour les époques heureuses, aucune n'est **une**
génération privilégiée.

Dans cette série indéfinie d'existences mondaines et
ultra-mondaines que tous sont appelés à parcourir, les
chances étant égales, tous auront une part équivalente
dans les maux et dans les biens. Ceci résulte du calcul
des probabilités, calcul rigoureux quand on le déduit
d'événements qui se répètent sans fin.

Les périodes heureuses de la vie humaine étant très-
longues comparées aux époques malheureuses ou sub-

versives, chacun, à la fin de la carrière du globe, jetant un regard sur le passé, sentira qu'il doit remercier Dieu de tant de bien acheté par si peu de mal.

Les êtres, entraînés dans un mouvement sans fin, ne sont pas cependant abandonnés au hasard ; les lois de la création les protégent tous. Il importe peu qu'un accident puisse briser une vie particulière ; cette vie manquée est un mauvais jour dans une existence toute de bonheur. Ainsi, la loi se préoccupe de l'individu avec autant de sollicitude que de l'espèce, et nul ne peut craindre d'être oublié.

La destinée individuelle est en parfaite harmonie avec la destinée générale, et l'on comprend enfin qu'il y a entre les hommes une SOLIDARITÉ complète et de tous les instants. Jeunes et vieux, sains et malades, mondains et ultra-mondains [1], tous ont un égal intérêt aux choses de la terre, au sort de l'Humanité. Quelle peuplade sauvage ou barbare, quelle classe de la Société civilisée n'intéresserait pas vivement celui qui sait que lui et les siens peuvent partager un jour le sort de

[1] Le bonheur des ultra-mondains est entravé tant que les mondains n'ont pas fait régner l'Harmonie dans la vie inférieure. Il est entravé *physiquement*, parce qu'une gestion inintelligente de la partie pondérable du globe réagit d'une manière fàcheuse pour la gestion aromale ; *moralement*, parce que les ultra-mondains se préoccupent de la crainte de revenir à la vie mondaine où ils ont tant à souffrir.

ces misérables, déshérités de savoir et de richesses? Quel haut baron, quel noble prince, regardera dédaigneusement cette foule qui rampe à ses pieds, quand il saura que, dans cette foule, sous ces haillons, se cachent peut-être ses illustres aïeux dont il montre le blason avec tant d'orgueil ?

Evidemment, tout homme en position de prévenir un mal, d'effacer une douleur, d'apporter un bien, donnera, par égoïsme même, jusqu'à sa fortune et sa vie pour un tel résultat, s'il doit revenir à plusieurs reprises jouir du bien qu'il aura fait, souffrir du mal qu'il n'aura pas empêché? Avec la croyance de Fourier, égoïsme et dévouement n'ont qu'une seule tendance ; en d'autres termes, l'égoïsme est rendu impossible par l'étroite solidarité qui lie tous les membres de la famille humaine.

Il n'y a plus à songer à son salut individuel, à se racornir le cœur par un LACHE ESPOIR d'être sauvé, quel que soit le sort réservé aux autres hommes nos frères. Il faut sauver l'Humanité pour se sauver soi-même ; la voie du bonheur général est la seule voie du salut. Tel est le noble but offert à chacun ! but bien capable d'échauffer le cœur, d'élargir l'âme, de féconder tous les sentiments généreux !

La solidarité entre les hommes est une chose sainte, car l'Humanité entière est complice de celui qui a péché. *La solidarité n'exclut pas la responsabilité indivi-*

duelle : les vies mondaines et les vies ultra-mondaines sont liées comme les sommeils et les veilles, et celui qui a manqué une existence inférieure, qui l'a troublée par les excès, par le crime, par le suicide, souffrira dans la vie supérieure suivante ; comme celui dont le sommeil a été interrompu par un cauchemar, par de mauvais rêves, se sent moins bien disposé pendant la veille qui suit.

Les hommes ont toujours eu un sentiment plus ou moins vague de la solidarité ; ils l'ont écrit dans leurs croyances, le *péché originel* en est une preuve. Mais nul, avant Fourier, n'a fait comprendre que la solidarité est juste : la métempsycose bi-composée en est la seule démonstration, puisque seule elle prouve que les vivants ont travaillé, dès l'origine, à conduire l'Humanité dans la voie bonne ou mauvaise où elle se trouve actuellement. Sans la métempsycose, les fils ne doivent pas répondre des actes des pères, et le péché originel est une monstrueuse injustice.

En liant aussi étroitement le bonheur de l'individu au bonheur de l'espèce, Dieu entraîne les hommes vers le bien, assure parmi eux la pratique de la vertu d'une manière certaine et seule digne de sa grandeur. Regretterait-on, par hasard, ces hurlements désespérés, ces cris de rage, ces blasphèmes, horrible concert qui empoisonnerait éternellement le bonheur des élus, si les élus conservaient encore au cœur une corde sensible à la douleur d'autrui ? Dieu, gouvernant paternellement par l'attraction, conduisant les hommes à la sagesse et au bonheur par la solidarité, semble-t-il donc moins grand que celui qui ne saurait diriger les mondes sans s'étayer d'un bourreau ? que celui dont on ne pourrait parler sans montrer à ses côtés son *Tristan l'Ermite*, SATAN, qui serait la pierre angulaire de la création, comme l'exécuteur des hautes œuvres a été, jusqu'à ce jour, la pierre angulaire de l'édifice social ?

Comment les hommes pourraient-ils aimer un Dieu partageant entre le ciel et l'enfer les misérables créatures sorties de son sein ? Comment ne se sont-ils pas révoltés quand on leur a dit qu'ils chanteraient un jour les louanges de ce Dieu, de ce Dieu qui frapperait, sans merci, sans mesure et sans fin, leur mère peut-être, leur sœur, leur fille, leurs semblables ?

La croyance au salut individuel, si elle n'a pu altérer la bonté native des esprits généreux, a triplé le sentiment de personnalité des âmes étroites, et la peur de l'enfer a fait des lâches de ces cœurs desséchés. Rampant sous l'impitoyable puissance à laquelle ils croyaient, pour se la rendre favorable ils auraient, dans leur monstrueux égoïsme, incendié l'univers. Ils l'ont prouvé chaque fois qu'ils ont eu le pouvoir de le faire : les *Charles IX*, les *Louis XIV* en sont des exemples fameux. Et ceci n'est pas le crime d'un seul, c'est le crime d'un principe, puisque l'Eglise n'a jamais eu de foudres contre cet infâme sacrilége, contre cette exécrable supposition qu'on se rendait agréable à Dieu en immolant des victimes humaines, en se souillant de persécutions et de meurtres; puisque l'Eglise a fait sortir l'Inquisition de cette religion de paix, dont le Fondateur empêchait de tirer l'épée, même contre ses persécuteurs et pour sa légitime défense (1).

D'autres, placés dans des circonstances *moins heureuses*, ne pouvant donner *d'aussi éclatantes preuves de foi*, ont inventé des ignominies, des lâchetés d'une autre nature. Pensant que Dieu se complaisait à leurs douleurs, ils ont prétendu se rendre agréables à ses yeux en se torturant affreusement. Ici un hideux fakir se place dans une attitude forcée qu'il garde pendant des années, jusqu'à ce que ses articulations se soient

(1) La science de Dieu est la plus féconde des sciences; les erreurs sur Dieu sont les plus funestes erreurs.

Ces erreurs ont ensanglanté les annales de tous les peuples : la Grèce nous présente son détestable Calchas réclamant, pour ses dieux, le sang d'une vierge innocente; Rome a enterré ses vestales; les sombres forêts de la Gaule ont entendu les cris des victimes des druides; l'Inde brûle encore ses veuves; l'islamisme livre au bourreau ses renégats; enfin, le christianisme lui-même pleure au souvenir de ses auto-da-fé présidés par des brutes infâmes qui se prétendaient disciples du Christ! du Christ qui avait toujours le pardon dans le cœur, et dont ils osaient porter l'image à leurs fêtes de sang!

De nos jours, dans le monde civilisé, de tels excès ne sont plus possibles; mais l'intelligence et le cœur se faussent encore chez les hommes qui, pour comprendre Dieu, ne consultent pas leur

ossifiées. Là, je ne sais quel non moins hideux personnage de la légende catholique, mu par un sentiment identique, se hisse sur le chapiteau d'une colonne et s'y établit pour la vie, prouvant sa sagesse en ne descendant dans aucun cas, pour aucune nécessité. Plus près de nous, de sales moines se privent de chaussure et de linge, croyant que leur vertu sera mesurée à l'épaisseur de la crasse qui couvre leur corps. Et tous ces dévots sont bien satisfaits d'eux-mêmes quand ils ont réussi à faire de l'homme, *que Dieu a mis sur la terre pour le représenter*, un être répugnant, dégradé, affreux à voir. Le poëte profane était bien mieux inspiré sur Dieu et sur la destinée de l'homme, lorsqu'il disait :

Os homini sublime dedit : cœlumque tueri
Jussit et erectos ad sidera tollere vultus.

jugement. Ainsi, dans ses Conférences sur la religion, pour justifier Dieu du traitement plus ou moins sévère qu'il réserve à ceux qui n'ont pas pratiqué le christianisme, même lorsqu'ils ont été dans l'impossibilité de le connaître, M. de Frayssinous dit :

« Si nous sommes des enfants privilégiés, nos plaintes et nos murmures ne font que montrer notre ingratitude jointe au blasphème. *Que penser d'un enfant qui, couvert des bienfaits de son père, lui reprocherait de ne pas traiter ses frères avec la même libéralité ?* »

Que penser de cet enfant?... qu'il a le cœur noble et généreux !... L'enfant qui agirait autrement, qui serait insensible au sort fait à ses frères, serait un misérable égoïste.

C'est ce dernier pourtant que M. de Frayssinous offre pour modèle aux chrétiens !.... C'est ainsi que la conscience se pervertit quand on s'habitue à regarder le Créateur sous un faux jour.

Car Dieu ne veut pas régner sur des esclaves pâles et tremblants, mais sur des hommes heureux et libres, reconnaissants et fiers de la haute mission qu'il leur a confiée.

Se sacrifier pour les autres est un acte de haute vertu, et cet acte est trop souvent nécessaire aux époques subversives, lorsque l'intérêt privé est en opposition avec l'intérêt général; mais souffrir pour souffrir est une absurdité; souffrir pour se rendre agréable à Dieu est une insulte à sa bonté.

Si, dans le passé, la crainte de l'enfer a pu détourner du mal les hommes faiblement trempés, la solidarité telle que l'a conçue Fourier, la solidarité qu'il explique, qu'il fait toucher du doigt, ne remplit-elle pas le même but, plus noblement, en s'adressant à des sentiments plus élevés du cœur humain ? Pouvant choisir entre ces deux moyens d'intéresser l'homme à la pratique du bien, Dieu a-t-il dû balancer ?

L'immortalité bi-composée s'accorde avec tous nos désirs. Chaque vieillard demanderait à recommencer la vie, avec l'expérience qu'il a acquise; et ce souhait est pleinement satisfait, puisque tous recommenceront la vie, puisque tous profiteront de l'expérience du passé, la jeunesse ne pouvant s'égarer en Harmonie.

Descendons dans notre cœur; ne sentons-nous pas que nous abandonnerions avec regret cette terre que la science peut rendre si belle ? Ne serions-nous pas heureux de savoir que nous sommes liés à son sort, liés au sort de tous les hommes, que nous devons souffrir avec nos frères, mais que, comme eux, nous sommes appelés à tous les biens ?

N'est-ce pas dans ces conditions mêmes que nous aurions demandé la vie, tandis que nous l'aurions refusée avec la plus petite chance pour une éternelle damnation? Puisque Dieu n'a pas consulté l'homme en le créant, n'a-t-il pas dû lui faire une destinée qu'il aurait acceptée ? Sans cela la vie ne serait pas un bienfait, et Dieu ne pourrait nous inspirer qu'un sentiment, l'épouvante !

Ne se sent-on pas pénétré de reconnaissance et d'amour pour Dieu que Fourier nous fait connaître ? pour Dieu qui offre sans cesse à tous et des fleurs et des fruits, qui ne tient pas de glaive, qui pardonne toujours; car la faute est punie par la faute même, car le retour toujours possible est toujours récompensé.

La reconnaissance et l'amour sont bien les sentiments que Dieu prétend nous inspirer ; trop au-dessus de nous pour que notre familiarité lui soit à craindre, il est peu jaloux des marques d'un respect craintif. C'est ainsi qu'un puissant monarque sourit aux naïves caresses d'un enfant dont les salutations l'ennuieraient, quelque exigeant qu'il soit, sur ce point, avec les grands, avec ses égaux. Dieu, qui nous seconde dans tous nos travaux, veut que nous le regardions comme un associé, comme un ami.

Avec la conception de Fourier, tout s'explique ainsi avec simplicité ; les lois de la création n'ont plus rien d'arbitraire ou de fâcheux. Les preuves morales sont donc toutes en sa faveur.

Mais, sur cette importante question, Dieu nous devait des preuves de plus d'un genre. Il s'en trouve plusieurs dans l'analogie universelle, dont nous parlerons tout à l'heure ; il y en a une pour les sens dans le magnétisme animal dont nous allons nous occuper.

On a appelé *magnétisme animal* cette influence qu'un homme peut exercer sur un autre homme par l'action de sa volonté. Le magnétisme produit souvent un sommeil plus ou moins profond, sommeil qui se distingue quelquefois du sommeil ordinaire par les phénomènes les plus étranges. Le sommeil, dans ce cas, a reçu le nom de *somnambulisme*.

Le somnambule jouit de l'exercice de ses facultés sensitives sans le secours de ses organes habituels. Il voit à travers les corps opaques, et quelquefois à grandes distances ; il saisit des pensées qui n'ont été exprimées ni par le signe, ni par le son ; il perçoit des saveurs qui n'existent que par la volonté du magnétiseur ; il peut être rendu insensible aux coups, aux blessures ; enfin, ses facultés intellectuelles semblent ne plus dépendre de celles qu'il possédait à l'état de veille, et il se trouve doué, tout à coup, de la connaissance de choses dont il ne s'était jamais occupé.

Cet état singulier se présente avec une grande variété dans les phénomènes, mais il est toujours parfaitement inexplicable avec les connaissances scolastiques actuelles de l'Humanité. La conception de Fourier peut seule en rendre raison facilement.

Le magnétisme aurait pour premier effet de suspendre les fonctions sensitives du corps pondérable ; son second effet serait de tirer, *très-imparfaitement*, le corps aromal de son engourdissement, en rendant à l'âme la faculté de l'employer. L'âme se servirait du corps aromal dans le somnambulisme ; elle verrait, elle entendrait, elle goûterait, elle aurait conscience d'elle-même, par l'intermédiaire de ses organes aromaux, organes dont la perfection explique ce que les phénomènes magnétiques ont de merveilleux. La vision pourrait s'opérer à travers les corps opaques que les aromes traversent si facilement. L'âme retrouverait, en en cherchant la trace sur son corps aromal, avec le souvenir des vies précédentes, des idées et des connaissances qu'elle n'a plus quand elle ne peut user que du corps mondain.

Un fait a été constaté par tous ceux qui se sont occupés de magnétisme. Dans le somnambulisme on a la mémoire de ce qu'on a vu dans la vie ordinaire et dans les somnambulismes précédents ; au réveil on ne sait rien de ce qui s'est fait pendant le sommeil magnétique.

Ce souvenir dans un cas, cet oubli dans l'autre, sont absolument semblables à ce qui se passe dans les deux vies : vie aromale avec double mémoire, vie mondaine dépourvue de souvenirs. L'explication est la même : dans le somnambulisme, le corps pondérable endormi ne reçoit pas d'impressions de l'extérieur, et quand l'âme en reprend possession, elle ne peut y lire ce qui n'y est pas gravé.

Il est un état, décrit par les magnétiseurs sous le nom d'*extase*, que la conception de Fourier expliquerait encore avec facilité. Après être revenu à lui-même, après être sorti de la crise pendant laquelle la vie semblait avoir abandonné son corps, l'*extatique* raconterait qu'il a voyagé dans l'espace, qu'il a rencontré des vivants avec lesquels il n'a pu entrer en relation, mais qu'il a pu communiquer avec les morts, qui, du reste, ne lui inspiraient aucun effroi.

Ce voyage de l'extatique ne pourrait être qu'un voyage du corps aromal, au moyen duquel on ne peut communiquer avec les mondains, quoique l'on puisse les voir, mais qui permet d'entrer en rapport avec les ultra-mondains. On conçoit d'ailleurs que l'aspect de la vie supérieure inspire à l'extatique un vif désir d'y rester, désir qu'il manifeste toujours en se plaignant d'avoir été ramené à la vie présente.

Ceux qui nient les phénomènes du magnétisme animal seraient fort embarrassés pour expliquer les phénomènes analogues et *non moins extraordinaires* du somnambulisme naturel, phénomènes trop bien constatés pour qu'il soit permis de les révoquer en doute.

Le somnambulisme est un état de transition entre les deux vies, état dans lequel l'âme emploie simultanément, mais imparfaitement, les deux corps dont, dans les cas ordinaires, elle doit se servir alternativement. Cette transition n'est peut-être pas la seule que nous puissions observer. On voit des hommes qui paraissent jouir de facultés vraiment aromales dans un certain cercle; par exemple, pour découvrir des sources cachées. Doit-on rattacher à la même explication la facilité avec laquelle certains enfants parviennent à résoudre, en quelques minutes, des problèmes d'arithmétique qui auraient coûté des journées aux plus habiles calculateurs? Ces cas de transition ne sont et ne peuvent être que de très-rares exceptions.

Le magnétisme, qui sera en Harmonie d'une double utilité, ne peut se développer dans la Société présente, où les expériences isolées sont seules possibles, où une défiance si naturelle, quand tous ont intérêt à tromper, est opposée même au magnétiseur de bonne foi. Le magnétisme n'est pas du ressort de la Civilisation, et il faut l'en féliciter, car il conduirait aux abus les plus graves, dans cette Société où le bonheur de l'un dépend si souvent du malheur de l'autre.

La phrénologie encore est une science que l'Harmonie seule saura établir et utiliser. Si cependant, malgré leur inutilité dans le moment, les principes de ces deux sciences ont été découverts en même temps que ceux de la Science sociale, et quand les progrès de l'industrie assurent à l'homme une si haute domination sur la matière, c'est que les temps sont venus, c'est que l'Humanité est préparée, c'est que la voie du bonheur est ouverte, c'est que l'homme n'a plus qu'à vouloir pour entrer dans la terre promise.

Ce que nous avons dit ne montre pas encore avec assez de netteté le lien qui unit le Créateur aux créatures. Entre l'homme et Dieu il se trouve un abîme, un vide immense, contraire à tout ce que nous connaissons de la nature, qui ne procède jamais par sauts brusques, qui ménage partout des transitions.

Pourquoi, dans l'univers, l'homme seul serait-il, à l'image de Dieu, doué de la raison? (L'homme, l'être qui remplit sur une planète quelconque le rôle qui nous appartient ici-bas.) Ne devrait-on pas regarder Dieu et l'homme comme les extrêmes d'une série, à chaque terme de laquelle on trouverait, en montant, des êtres de plus en plus grands, de plus en plus rapprochés de

Dieu ? Le vide qui nous effrayait serait ainsi comblé. Il n'y aurait plus à chercher comment l'infini et le fini peuvent entrer en rapport, et l'on comprendrait que chaque être, agissant directement sur ceux qui le touchent en haut et en bas, tient étroitement à tous par cette grande chaîne dont Dieu est le premier anneau.

Il y aurait donc au-dessus de nous un être supérieur d'un degré, qui nous ferait sentir son influence immédiate, qui mêlerait à notre vie une partie de sa vie, qui ressentirait nos douleurs, qui partagerait notre joie ; un être que nous pourrions voir et toucher.

Ne devine-t-on pas que cet être est la planète sur laquelle nous naissons ? La planète qui est corps, et à laquelle, sans motif, nous avons refusé l'intelligence et la passion.

Sans motif, car la planète n'est pas une matière inerte : c'est un corps savamment organisé, avec sa circulation aromale analogue à la circulation du sang ; et si l'on a compris que l'âme, dans l'autre vie, peut agir par des organes aromaux, il n'y a pas de difficulté nouvelle à accorder à la planète des organes de même nature pour la manifestation de sa volonté, de ses désirs, pour ses relations avec les autres planètes.

Les astres seraient donc des êtres intelligents et passionnés, en rapports aromaux les uns avec les autres, rapports faciles et prompts par la nature de l'agent, et qui ne demanderaient aucun déplacement du corps pondérable. Le corps des astres serait en même temps matière pondérable et arome.

Les astres obéiraient sans résistance à l'action de la gravité, comme nous y obéissons nous-mêmes. Ils pourraient, dans des cas particuliers, par exemple lorsque, au sortir de l'état cométaire, ils ont à choisir une distance convenable pour circuler autour du soleil, ils pourraient tirer de leurs aromes une force qu'ils combineraient avec la gravité, pour se diriger dans l'espace, comme nous combinons, avec la pesanteur, notre action musculaire pour nous transporter sur la surface de la terre.

Ainsi, la distance de chaque planète au soleil serait due à la volonté de la planète. Ceux qui attribuent tout au hasard doivent trouver bien surprenant le fait de la découverte des quatre petites planètes de notre système, découverte qui se fit en comparant les distances des planètes connues au soleil, en reconnaissant que ces distances formaient une série dont un terme manquait, et en cherchant au lieu où devait se trouver une planète pour que ce terme ne manquât pas. Ils doivent s'émerveiller encore plus de cette singulière combinaison du double mouvement de tout satellite observé, combinaison par suite de laquelle le satellite présente toujours le même hémisphère à sa planète, quand, d'après le calcul des probabilités, cette combinaison ne devrait se reproduire que par exceptions infiniment rares.

Les globes seraient donc des êtres semblables à l'homme, mais supérieurs et d'un degré plus rapprochés du Créateur. L'âme d'un globe serait unie à ce globe jusqu'au moment du décès ; à cette époque, elle s'emparerait d'un globe nouvellement formé, entraînant toutes les âmes humaines, qui iraient ainsi recommencer une nouvelle carrière humanitaire, une nouvelle série d'existences.

Notre système planétaire est un groupe dont le Soleil est le chef et le pivot. Un ensemble de soleils avec leurs planètes forment une série d'astres, un tourbillon, un univers comme celui que nous connaissons.

On doit voir encore dans cet *univers* un être intelligent et passionné, de deux degrés supérieur à l'homme, d'un degré supérieur à la planète, en relation avec d'autres univers, comme les planètes avec les planètes, comme les hommes entr'eux.

Mais notre univers, avec ses dimensions infinies pour nous, n'est, dans la création, qu'une nébuleuse, un point, un atome ; il forme des groupes et des séries avec d'autres univers dont l'ensemble ne constitue encore qu'une unité pour des combinaisons supérieures.

Cet ensemble d'univers, cette nouvelle unité, le *bi-nivers*, est encore un être intelligent : il est pour l'univers ce que la planète est pour l'homme, ce que l'univers est pour la planète.

Les binivers se groupent entr'eux pour former des *trinivers*, puis, toujours par de nouvelles combinaisons, toujours en remontant vers Dieu, viennent les *quatrinivers*, les *quintinivers*, etc., etc.

La pensée peut s'élever ainsi indéfiniment, sans jamais atteindre Dieu cependant, Dieu, *l'infinivers*, dont le corps comprend toute matière, dont l'intelligence renferme toutes les intelligences.

Cette hiérarchie rappelle, en la complétant, la hiérarchie céleste admise dans toutes les religions, les anges, archanges, séraphins, chérubins, trônes, dominations, etc. Fourier attribue à ces êtres les corps qui peuplent l'espace et dont une partie est perceptible à notre vue bornée.

Dieu excepté, tous les êtres sont soumis à des changements, à des accroissements et décroissements, à la mort : mort qui n'est que l'abandon d'un vieux corps pour un corps nouveau. Au moment de cette transition, chaque âme entraîne avec elle les âmes qui lui sont subordonnées. Les petites âmes sont associées aux grandes, sans perdre leur individualité, comme notre corps qui fait partie du corps de la planète, et qui cependant en est parfaitement distinct.

Tous les êtres de cette hiérarchie sont faits à l'image de Dieu, ont une raison, non égale, mais *homogène* à la sienne, et des passions qui diffèrent seulement par leur intensité et par leur mode de satisfaction. Tous,

en effet, ne peuvent avoir qu'une passion de base, l'U-
nitéisme, c'est-à-dire le désir d'être heureux et de voir
les autres heureux, et l'Unitéisme ne peut se décomposer pour eux autrement que pour nous.

Ces êtres sont immortels, le mouvement qui les
entraîne devant durer éternellement ; ce mouvement
d'ailleurs ne peut avoir commencé hier, ni à une époque
quelconque : il a toujours été, et l'éternité se trouve
derrière nous comme devant nous.

Le corps d'un astre mort se décompose pour fournir
de la matière à la formation des astres nouveaux.

Maintenant il est facile de comprendre la pensée de
Fourier, lorsqu'il dit que l'homme, comme la planète,
comme l'univers, comme tout ce qui est, est composé
de trois principes éternels, incréés, indestructibles :

1°. L'Esprit [1] :   *principe actif et moteur ;*
2°. La Matière :   *principe passif et mu ;*
3°. La Mathématique [2] : *principe neutre et régu-*
                                        lateur.

Il importe peu, quant aux conséquences, de savoir
si Dieu, *principe actif*, a fait naître les deux autres
principes de sa volonté, ou si les trois principes sont

____

[1] *L'esprit*, le souffle, *spiritus*, la vie, la passion.
[2] La *mathématique* au physique, la *justice* au moral.

l'essence de Dieu ; car Dieu, ne pouvant être changeant et capricieux , se soumettrait aux lois qu'il aurait dictées , aussi absolument que si ces lois étaient indépendantes de lui-même , parce qu'elles seraient sa propre nature.

Les trois principes se montrent dans tout ce que nous voyons , dans tout ce que nous pouvons observer. La matière la plus inerte en apparence est soumise cependant aux attractions et répulsions moléculaires, à l'influence chimique des milieux , des corps en contact : elle vit, et la matière qu'abandonne une vie individuelle rentre dans une vie plus générale, à l'influence de laquelle elle obéit alors plus exclusivement. Ainsi , le corps d'un homme qui vient de mourir vit encore de la vie du globe , et la matière qui composait le corps d'un globe, après la mort de celui-ci, ne cesse pas de vivre de la vie de l'univers , etc.

Cette perpétuelle sollicitation de la *matière* par l'*esprit* n'a pas lieu d'une manière arbitraire : elle est soumise à des lois précises, à des règles rigoureuses, dont elle ne peut s'écarter. Ces lois, ces règles constituent le troisième principe , *le principe régulateur* , sans lequel il est impossible de concevoir que quelque chose existe.

CHAPITRE VIII.

ANALOGIE UNIVERSELLE.

> Sans cette fidélité d'analogie, comment pourrions-
> nous étudier la nature? Nous n'aurions aucune
> voie de comparaison.   Fourier.
>
> Là, pour nous enchanter, tout est mis en usage :
> Tout prend un corps, une âme, un esprit, un visage.
>   Boileau.

Quand elle se sert d'un mot nouveau, ou d'un mot déjà connu, mais auquel elle attache un sens spécial, l'École a toujours soin de le définir. Offrant ainsi à la critique sa pensée tout entière, elle fait tout ce qui dépend d'elle pour prévenir une guerre contre les mots, pauvre chicane trop souvent essayée, bien qu'elle ne puisse conduire à aucun résultat sérieux.

Le mot *analogie* est un de ceux auxquels Fourier a donné une signification particulière que nous chercherons d'abord à faire comprendre.

Deux quantités homogènes, deux choses de même

nature, peuvent être mises en rapport ; il est possible de les comparer, de leur trouver une commune mesure.

Entre les choses hétérogènes, y a-t-il encore des points de contact, des rapports possibles ?

A cette question la science serait bien tentée de dire non ! mais depuis longtemps l'instinct des masses a répondu par l'affirmative.

Toutes les langues ont des mots qui ont un sens *propre* et un sens *figuré*, c'est-à-dire qui s'appliquent également bien à des choses d'ordres différents, à des propriétés physiques, par exemple, et à des qualités morales.

Ainsi l'adjectif *dur,* dans son sens propre, exprime une propriété physique des solides : *corps dur.*

Le même adjectif, dans son sens figuré, exprime un vice accidentel de l'âme : *caractère dur.*

C'est qu'entre les propriétés physiques et les qualités morales il y a des rapports réels, indépendants de toute convention ; c'est qu'il y a, dans la dureté physique, quelque chose qui correspond à la dureté morale. Cette correspondance ne tient ni au hasard, ni à l'habitude, et chacun sent qu'il serait absurde de chercher à éveiller l'idée de la même qualité morale en employant un autre adjectif physique, en convenant de dire d'un homme inflexible, *caraetère mou*, l'adjectif *mou* conservant le sens propre qu'il a dans cette phrase : *corps mou.*

Il y a donc entre les choses hétérogènes des rapports vrais. Ces rapports, très-différents de ceux qui existent entre les choses homogènes, ont été nommés par Fourier *rapports analogiques.* Tel est le sens que nous donnons au mot ANALOGIE.

La nature, en comprenant sous ce terme tout ce qui est, ou, plus simplement, tout ce que l'homme peut embrasser par les sens et par la pensée, la nature peut être considérée dans chacune de ses parties, divisée, subdivisée, par l'esprit, en règnes, branches, rameaux, etc. (1).

Ces divisions et subdivisions particulières du système

(1) Fourier divise le système de la nature en cinq branches ou mouvements : quatre *mouvements cardinaux* et un *mouvement pivotal.*

1. *Le matériel,* . . . . ou lois suivant lesquelles Dieu règle le mouvement de la matière.

2. *L'aromal,* . . . . ou lois suivant lesquelles Dieu distribue les aromes.

3. *L'organique,* . . . . ou lois suivant lesquelles Dieu distribue les formes, couleurs, odeurs, saveurs, propriétés.

4. *L'instinctuel,* . . . . ou lois suivant lesquelles Dieu distribue les penchants et les instincts.

5. *Le social ou passionnel,* ou lois suivant lesquelles Dieu règle l'ordonnance des mécanismes sociaux.

Dans ses classifications, Fourier distingue souvent *les pivots* qu'il

général, sont régies par des lois spéciales, qui déterminent, chacune dans leur sphère plus ou moins circonscrite, tous les mouvements, tous les phénomènes, tous les événements.

Ces lois que l'homme peut rechercher et étudier une à une, dans chaque phénomène qu'il constate, sont-elles indépendantes les unes des autres? agissent-elles isolément? Aucune influence ne tend-elle à les rallier pour un but unitaire?

Il ne peut en être ainsi : la pensée de Dieu est *une;* l'œuvre de Dieu forme *un seul tout.* Par conséquent, les parties du système tiennent étroitement les unes aux autres, les lois du système ont un principe de coordination.

Et cette coordination doit être d'autant plus intime, que là se trouve pour l'œuvre une condition essentielle de simplicité et de perfection.

Il faut donc admettre que les lois des divers règnes sont les conséquences les unes des autres, qu'elles sont calquées les unes sur les autres, qu'elles sont les divers reflets d'une même chose, les expressions variées d'une unique pensée.

Unité de principe, variété infinie dans les applica-

---

désigne par ce signe ⋈. Ainsi, dans la classification des couleurs primitives, Fourier mettait le signe ⋈ en face du blanc, qui est l'ensemble des couleurs et non une 8e. couleur. Souvent il distingue *les transitions,* auxquelles il affecte le signe *K.*

tions, c'est ainsi que Dieu [1] se manifeste dans ses œuvres! Que l'on songe au mode de reproduction des êtres animés, depuis l'homme jusqu'au plus humble végétal ; quelle simplicité dans la cause! quelle admirable diversité dans les effets!

Cette corrélation entre les diverses lois de la nature, donne à l'homme un puissant moyen pour fonder les sciences, pour avancer du connu à l'inconnu. Dès qu'il aperçoit clairement les lois d'un ordre de phénomènes, pour en conclure les lois d'un ordre encore inexploré il lui suffit de déterminer un rapport. Ensuite il peut marcher hardiment, il ne doit pas s'égarer.

Les rapports qui existent, comme nous l'avons vu, entre les choses hétérogènes, ne sont donc pas une exception ; ils ne se bornent pas à ce petit nombre de cas où ils ont été saisis instinctivement, sans étude méthodique : ils sont la règle, et tout ce qui passe dans un des règnes a, dans tous les autres, sa reproduction, son *analogie.* Mais dans chaque règne les lois se traduisent dans une langue spéciale ; ainsi l'art, *qui est*

---

(1) Dieu ne peut pas contrevenir à ses propriétés primordiales qui sont :

Attribution radicale :	✕ DISTRIBUTION INTÉGRALE DU MOUVEMENT.
Attributions primaires :	1. Économie de ressorts.
	2. Justice distributive.
	3. Universalité de la providence.
Attribution pivotale :	✕ UNITÉ DE SYSTÈME.

un, peut rendre la même pensée par la forme, par la couleur, par la musique, par le langage.

Tout se ralliant à l'homme, tout doit dépendre du règne ou mouvement passionnel dont les lois déterminent le développement des individus et le progrès des sociétés. C'est pourquoi, dans toutes les sphères, les phénomènes sont les images des phénomènes passionnels ; en d'autres termes, chaque effet de passion, chez l'homme, est imité, reflété, reproduit dans toutes les parties de la création. Ainsi, dans le règne organique, les saveurs, odeurs, couleurs, formes, propriétés, sont distribuées pour représenter scrupuleusement le jeu harmonique ou subversif des passions humaines.

Ces rapports entre les divers modes de manifestation de la vie, cette nécessité qu'un phénomène quelconque ait partout ses analogues, telle est la loi découverte par Fourier, la loi d'ANALOGIE UNIVERSELLE.

La vie d'un végétal, d'un animal est, dans tous ses détails, la conséquence du développement que prend une passion, agissant sur un caractère donné et dans une des phases de la vie de l'humanité. Tout devant tendre à rendre parfaite la ressemblance analogique, rien n'est arbitraire, et l'on peut assigner une cause à la forme la plus fugitive d'un pétale, au parfum le plus léger d'une fleur.

C'est ainsi que Fourier a expulsé le hasard de tous les points qu'il semblait occuper en maître ; c'est ainsi qu'il a montré que, dans la création, le moindre détail est la conséquence nécessaire de lois inflexibles.

On le dit depuis longtemps : *il n'y a pas d'effets sans causes ;* mais on ne croit qu'à demi à cette vérité.

Si l'axiome est vrai absolument, les formes, couleurs, propriétés d'un être, ont une cause que l'homme doit chercher, qu'il peut trouver, qu'il a trouvée en effet dans la loi d'analogie, puisque cette loi rend compte des faits de la manière la plus simple, la plus heureuse ; puisqu'elle manifeste hautement la sagesse et l'unité du plan suivi par le Créateur !

Des considérations d'un autre ordre viennent à l'appui du principe d'analogie universelle, principe qui permet d'expliquer un fait absolument inconciliable, sans son aide, avec la pensée d'un Dieu sage et prévoyant : la présence, sur un globe, d'animaux, végétaux et minéraux inutiles ou nuisibles, d'espèces en hostilité avec l'homme, avec le gérant.

Aux époques de subversion, les passions humaines produisent de mauvais effets. L'analogie, miroir fidèle, doit représenter ces mauvais effets, aussi bien que les bons, dans tous les règnes de la nature. Si la calomnie souille de son venin toutes les relations civilisées, la nature en peint les effets variés dans la famille des vipères, famille hideuse, bien qu'elle se présente, comme la calomnie, sous une peau brillante et artistement nuancée. Si nos routes sont infestées de lâches brigands, nos forêts sont peuplées de loups, leur parfaite image. Et remarquons que la Civilisation, qui parvient à se délivrer en partie de la violence brutale, sait aussi purger les contrées qu'elle occupe de la plupart des animaux féroces, emblèmes de brutalité ; mais elle ne sait pas se préserver des emblèmes des vices qui la rongent : de vils insectes, de méprisables chenilles ont borné sa puissance et prélèvent chaque année un riche tribut sur les produits de son industrie.

Pendant l'enfance d'un globe, les passions conduisant le plus ordinairement au désordre, les premières créations, destinées à fournir le mobilier de ces époques malheureuses, ont dû donner, par analogie, des espèces malfaisantes en majorité : aussi rien n'est plus pauvre que le règne animal que nous possédons. Dans l'ordre des articulés, par exemple, pour quelques serviteurs précieux, tels que l'abeille, le ver à soie, la cochenille, combien d'espèces n'existent que pour notre tourment.

Mais la science démontre qu'il y a eu déjà, sur la terre, plusieurs créations successives, et l'on n'a pas de raison pour prétendre que la série des créations est arrivée à son dernier terme, que l'avenir n'aura pas les siennes aussi bien que le passé.

Les créations futures, destinées à fournir le mobilier des âges d'Harmonie, devront donner, pour emblèmes des vertus de ces époques, des espèces bienfaisantes en majorité; des animaux utiles par eux-mêmes, et utiles encore parce qu'ils aideront l'homme à débarrasser son domaine de tout ce qu'il renferme de répugnant, de malfaisant et d'odieux.

L'analogie nous présente un prisme enchanteur à travers lequel la nature se montre sous les formes les plus riantes, sous les plus gracieuses couleurs. Ainsi l'homme trouve à satisfaire ses penchants les plus futiles en apparence, jusqu'à ce désir du merveilleux qui le suit à tous les âges, et auquel il pourra se livrer sans crainte de s'égarer, lorsque enfin le merveilleux s'accordera avec la raison.

L'étude des analogies de la nature sera pour l'homme une source inépuisable de plaisirs. Au lieu de présenter à ses lecteurs une charade, un logogriphe, un journal demandera l'analogie d'une plante, d'un animal, etc., et un prix sera décerné à celui qui aura découvert quelque fragment de la vérité. Le fade plaisir de déchiffrer une insignifiante énigme sera remplacé par un plaisir composé, par le plaisir de lire quelques lignes de plus dans le grand livre de la nature.

Ici, comme toujours, Dieu offre à l'homme l'agréable et l'utile en même temps; la loi de l'analogie est un puissant moyen de comparaison, d'investigation, et en outre, la connaissance des analogies d'une plante révélera toutes ses propriétés hygiéniques, médicales, nutritives, etc., fera connaître tout le parti que l'on peut en tirer [1].

La loi d'analogie a quelque chose de tellement saisissant que plusieurs l'ont admise, tout en rejetant d'autres parties de la découverte.

Mais, après avoir accepté un principe, il est absurde de repousser les conséquences qui en découlent le plus naturellement.

Fourier, lui, ne regarde jamais un principe comme une vaine parole, il l'applique toujours sans hésitation : s'il a suivi le sien dans ses dernières conséquences, s'il a osé s'en servir, non-seulement pour donner les causes des propriétés des êtres vivants, mais encore pour déterminer les propriétés des êtres des créations futures, on peut être confondu de cette hardiesse : mais en rire, c'est prouver seulement l'illogisme de son esprit [2].

Dans un milieu subversif, un homme est conduit au

(1) Si l'on avait connu, par exemple, l'analogie du pavot, on aurait pu deviner tous les effets de l'opium, son produit. L'opium, dont l'usage dégénère en une tentation irrésistible, dont l'ivresse solitaire produit un plaisir abrutissant et mortel, est un triste et indirect emblème d'une triste habitude, qui trop souvent, hélas ! flétrit la jeunesse en Civilisation.

(2) M. Louis Rousseau, du journal l'*Université catholique*, après

mal par ses passions dévoyées., et la nature nous peint ce fâcheux résultat dans un animal malfaisant. Dans un milieu harmonique, le même homme, dirigé par les mêmes passions, ne ferait que le bien, et la nature donnerait, pour emblème de cette heureuse transformation, un animal utile. Celui qui, comme Fourier, connaît d'une part le jeu des passions humaines, d'autre part le mécanisme des sociétés passées, présentes et futures, a des données suffisantes pour calculer l'effet d'un caractère sur chacun des milieux sociaux, pour déterminer les propriétés des espèces animales et végétales destinées à représenter cet effet.

·Ainsi, dans une société barbare, l'ambition fait d'un homme un despote, dont nous supposerons que le lion est l'emblème. En Harmonie, la même passion conduirait le même homme dans une voie opposée, ferait de lui un être éminemment utile, et les créations futures, pour emblème de cet effet inverse d'une cause unique, donneraient un animal inverse du lion, un animal bon par toutes les qualités qui rendent le lion dangereux, par son énergie, par sa souplesse, par sa vigueur, un ANTI-LION.

---

avoir écrit : *C'est surtout par la découverte de l'analogie universelle que Fourier s'est montré homme de génie*, relègue au rang des contes de *Peau-d'Ane*, les *anti-lions*, les *anti-crocodiles*, etc., qui, comme nous allons l'expliquer, résultent rigoureusement de la loi acceptée d'abord par lui.

Anti-lion, anti-tigre, anti-crocodile!...... Combien de gens ont soutenu leur réputation d'esprit, pendant trois jours, sur ces trois mots !....

La nature, qui nous a prouvé, par la production même des êtres malfaisants, toute la grandeur, toute la variété de ses ressources, ne peut-elle montrer, pour le bien, une fécondité aussi grande, un art aussi merveilleux?

Mais comment apparaissaient sur un globe les couples générateurs de chaque espèce, de chaque famille, de chaque variété?.... Ce problème devait occuper Fourier, qui ne recule pas devant la difficulté, on a dû s'en apercevoir.

Nous avons dit qu'une série d'êtres hiérarchiquement ordonnés étaient interposés entre l'homme et Dieu. Ces êtres ont la direction des sphères qu'ils embrassent; ils y règnent, comme l'homme règne dans sa sphère plus restreinte, sans cesser d'être soumis aux lois supérieures de l'Eternel.

Disposant en maître de la surface de son globe, l'homme y préside au perfectionnement, à la multiplication des animaux et des végétaux, etc. : là, il ordonne, il crée; là, Dieu fait sentir sa puissance, seulement par des lois générales auxquelles l'homme ne peut résister sans souffrir.

Les êtres supérieurs ont un plus vaste empire à gouverner, un empire où ils représentent Dieu, comme l'homme représente Dieu sur la terre.

Par cette délégation graduelle d'une partie de sa puissance à tous les êtres intelligents, on s'explique comment l'univers peut marcher sans rapport immédiat entre l'infini et le fini, chaque être n'ayant à agir directement que sur ceux qui le précèdent ou qui le suivent [1] à petite distance.

Les êtres supérieurs les plus voisins de l'homme sont les planètes. L'homme doit donc voir dans les planètes ses pourvoyeurs habituels, ses anges gardiens, les intermédiaires par lesquels les bienfaits de Dieu lui sont transmis.

Les planètes communiquant ensemble par des organes aromaux, doivent trouver, dans les rapports ainsi établis, la satisfaction de toutes les passions, et par conséquent de la passion *amour,* qui leur est propre comme à nous-mêmes.

Pour l'essor physique de l'amour, les planètes auraient des organes sexuels, et pourraient se féconder. Les produits de ces fécondations seraient précisément les premiers de chaque espèce, les premiers parents

[1] L'action des êtres les uns sur les autres est réciproque. Elle se fait sentir en montant comme en descendant. Ainsi l'homme a de l'influence sur les êtres qui le dominent; mais cette influence se disperse et s'affaiblit à mesure qu'on s'élève, de sorte qu'elle est infiniment petite ou nulle quand on parvient à Dieu.

de tous les animaux, de tous les végétaux. Les planètes seraient nécessairement androgynes, pouvant féconder et être fécondées.

La fécondation d'une planète par les autres planètes du système, aurait lieu à certaines époques, signalées chaque fois, sur la planète, par une création d'espèces animales et végétales. Les planètes formées en série régulière donneraient des séries régulières de produits.

Chaque planète douée d'un caractère propre donnerait des produits en rapport avec ce caractère, des emblèmes des passions qui le constituent. Les satellites d'une planète, liés à cette planète par affinité caractérielle, donneraient des emblèmes des effets variés des mêmes passions (1).

(1) Dans notre système solitaire, après le SOLEIL, astre PIVOTAL au titre d'Unité, viennent quatre planètes CARDINALES et deux AMBIGUES. Les autres planètes sont ou deviendront les *satellites* des cardinales.

Saturne, cardinale d'Ambition, avec 7 lunes,) 12 touches du clavier
La Terre, cardinale d'Amitié, avec 5 lunes,)   majeur.
Jupiter, cardinale de Familisme, avec 4 lunes,) 12 touches du clavier
Herschell, cardinale d'Amour, avec 8 lunes,)   mineur.
Vénus et *Mars,* ambiguës.

Les cinq *lunes* de la terre seront : *Mercure, Vesta, Junon, Cérès, Pallas.* La lune actuelle ne compte pas, c'est un astre sans liquides ni gaz, impropre à la vie et à la végétation ; c'est un astre mort, un cadavre, une momie : la science l'admet aussi bien que Fourier. Ce cadavre ira se décomposer et sera remplacé par les cinq lunes vivantes, dès que la culture unitaire aura rendu la terre attrayante, en régularisant ses fonctions, ce qu'elle manifestera en reproduisant la couronne boréale, couronne qui est, comme l'anneau de Saturne, un signe de la dignité de *cardinale majeure.*

Une planète mal entretenue par son gérant ne pourrait fournir à l'acte de la fécondation que de mauvais germes qui avorteraient ou produiraient des monstruosités, des espèces nuisibles représentant le jeu inharmonique ou contre-moulé des passions.

Ces idées ont été résumées avec bonheur dans le passage suivant des *Transactions* de *Just Muiron*.

« Dieu crée immédiatement l'ensemble de l'univers.
» Il le crée en faisant jaillir de soi-même les germes
» actifs et puissanciels des tourbillons d'astres. Ces
» germes sont, par le Créateur, pourvus de toutes
» les facultés individualisantes, agglomérantes et for-
» matrices des globes et de leurs accessoires. Ainsi
» les êtres de tout ordre que nous voyons peupler la
» terre, ne sont que des créations MÉDIATES de Dieu.
» Ce sont les produits de l'exercice des facultés créa-
» trices dont les astres sont pourvus par le Créateur,
» comme nos édifices, nos instruments, nos meubles,
» sont les produits des facultés créatrices départies
» à l'homme. Les individus de la surface d'un globe
» opèrent les créations industrielles ; les astres opèrent
» les créations organiques de ces individus de la sur-
» face ; Dieu crée les tourbillons générateurs des
» astres.

» De ce que les choses créées sont la manifestation
» naturelle des affections et pensées de Dieu, de l'astre,

» de l'homme, il suit nécessairement que chaque objet
» révèle quelqu'une de ces affections et pensées. Ainsi
» l'astre, créature déjà médiate de Dieu, crée le chien
» par exemple, pour manifester l'affection vivante de
» l'amitié, la pensée de la fidélité. L'homme, à son
» tour, dans le même but, crée un couteau, un vase,
» du papier, de l'écriture. Le couteau divise le pain
» ou les mets, le vase reçoit les liqueurs qu'on offre
» à un ami, en témoignage de l'affection qu'on lui
» porte, l'écriture lui exprime la pensée de cette affec-
» tion. La cause créatrice ne saurait peindre dans ses
» œuvres que des choses dignes d'elle : or, quoi de plus
» digne d'être peint que ce qui, sous le nom de *passions,*
» constitue l'essence de l'âme, premier produit de la
» cause créatrice ? Avouons que saint Paul a exprimé
» cette vérité avec une grande justesse, quand il a dit :
» *Le monde n'est qu'un système de choses invisibles ,*
» *manifestées d'une manière visible.* »

Nous n'entrerons pas dans plus de détails sur la belle
loi d'analogie : nous en avons assez dit pour espérer
que les développements qui manquent ici seront re-
cherchés avec empressement dans les ouvrages de
Fourier, par tous ceux qui ne repoussent pas une idée
parce qu'elle est neuve et hardie ; par tous ceux qui ont
compris que l'analogie est le lien nécessaire entre toutes
les parties de la création, l'engrenage entre tous les

règnes, qu'elle fait ressortir magnifiquement l'unité de système de l'univers.

Pour montrer combien sont fidèles les portraits tracés par la nature, nous allons prendre dans Fourier quelques exemples de l'application de la loi.

« J'ai dépeint l'intrigant industriel et fortuné ;
» voyons le portrait de la noble industrie humiliée :
» c'est celle du savant ou artiste.

» Il est peint dans une fleur nommée *couronne im-*
» *périale* , donnant six corolles renversées et surmon-
» tées comme la balsamine d'une touffe de feuillage.
» Cette fleur, qui a la forme de vérité (forme triangu-
» laire du lis et de la tulipe), excite un vif intérêt par
» l'accessoire de six larmes qui se trouvent au fond du
» calice. Chacun s'en étonne ; il semble que la fleur soit
» dans la tristesse ; elle baisse la tête et répand de
» grosses larmes qu'elle tient cachées sous les étamines.
» C'est donc l'emblème d'une classe qui gémit en
» secret. Cette classe est très-industrieuse, car la fleur
» porte en bannière le signe d'industrie, la touffe de
» feuilles groupées au haut de la tige, en symbole de
» la haute et noble industrie, des sciences et arts.

» La classe d'industrieux qui gémit en secret n'est
» pas celle des plébéiens grossiers, mais celle des sa-
» vants utiles et obligés de fléchir devant le vice heu-
» reux : aussi la plante incline-t-elle ses belles fleurs en

» attitude humiliante. Elles sont gonflées de larmes ca-
» chées, image du sort des savants et artistes, qui font
» l'ornement principal de la Société et n'en sont payés
» que par des dégoûts, tandis que les agioteurs et sang-
» sues amoncellent des trésors en quelques instants.

» Cette fleur est de couleur orange, qui est celle de
» l'*enthousiasme* ou *composite*, par analogie à la classe
» industrieuse des savants et artistes qui n'ont d'autre
» soutien que l'enthousiasme contre la pauvreté et les
» humiliations dont ils sont abreuvés dans le jeune âge.

» A la suite d'une pénible jeunesse, ils parviennent
» à obtenir quelque relief ou quelque petit bien-être :
» par imitation, la fleur, après avoir passé le bel âge
» dans une attitude humiliante, élève son pédoncule et
» sa capsule de graine ; mais il est trop tard , pour
» prendre cette attitude, quand le pédoncule n'est plus
» orné de sa belle fleur et n'a plus qu'une triste gousse
» à présenter. Cet effet dépeint le tardif bien-être des
» savants et artistes, qui ne peuvent lever la tête, sortir
» de l'état de gêne et d'oppression qu'après avoir con-
» sumé péniblement leur jeunesse à amasser quelque ar-
» gent, après avoir fléchi dans leurs jeunes années sous
» le poids de la détraction, de la pauvreté, de l'injus-
» tice, et perdu les beaux jours de la vie à préserver
» leur vieillesse de l'indigence.

» L'*hortensia*, emblème de la coquetterie, étale *force*

» *parure*, plus de fleurs que de feuilles (j'ai compté 108
» boules sur un hortensia de moyenne dimension).
» C'est une plante qui fatigue l'œil par ses massifs de
» fleurs : elle donne dans le même excès que la co-
» quette qui voudrait consumer en colifichets toute la
» fortune du ménage. Par analogie, l'hortensia cache
» ses feuilles sous un fatras de fleurs inodores et à demi
» nuancées, en *rosat* ou demi-rose, *argentin* ou demi-
» bleu, *lilas* ou demi-violet : teintes ambiguës comme
» les sentiments de la coquette, qui sont :

» Un faible amour, *argentin* et non azur.
» Une demi-amitié, *lilas* et non violet.
» Une fausse pudeur, *rosat* et non rose.

» L'hortensia et la balsamine (coquette et égoïste)
» sont deux fleurs qui ne vivent que pour elles et se re-
» fusent à la coupe. On ne peut employer l'hortensia
» *coupé* ni en bouquets, à cause du fatras, ni en vases
» où il se flétrit subitement. Non coupé, c'est-à-dire en
» pots, il figure à merveille dans les salons et les jar-
» dins, comme la coquette dans le grand monde. Il n'a
» pas de parfum, parce que la coquette éblouit les
» yeux et fascine l'esprit sans trop gagner les cœurs ;
» elle charme les sens : le lien est simple ; il faut que
» le charme de la fleur soit simple, récréant la vue sans
» flatter l'odorat.

» La coquette se ruine par le luxe, et l'hortensia,

» par analogie, craint l'astre du luxe et périt d'un
» coup de soleil. La coquette, au déclin de l'âge, ap-
» pauvrie par ses folles dépenses, est forcée à s'in-
» dustrier : par imitation, l'hortensia, après avoir am-
» plement brillé, perd son coloris, son luxe, et prend
» la nuance du travail, le vert, couleur de la feuille. Il
» n'arrive qu'au demi-vert, parce que la coquette ne
» revient qu'à un demi-travail allié aux intrigues. Enfin,
» à un âge avancé, elle tombe dans le rôle de prude ;
» et l'hortensia, par allégorie, revêt dans l'arrière-
» saison la couleur de la pruderie, le BRUN, nuance de
» la scabieuse, qui est fleur de la pruderie, rebelle à
» la main qui veut la cueillir.

» Les coquettes du grand ton sont des femmes qui
» ont reçu une éducation soignée, et, pour emblème
» de ce travail préparatoire, la nature donne à l'hor-
» tensia une feuille élégamment dentée en losanges sy-
» métriques. La fleur semble privée d'étamines et pistils ;
» c'est le tableau de la coquette qui ne s'occupe nullement
» du rôle productif. Aussi les parties de fructification
» sont-elles cachées dans l'hortensia, fleur qui, pour ar-
» river à la perfection, exige un grand attirail de soins :
» sa toilette agricole est des plus compliquées, image
» exacte des personnages que représente la fleur.

» Vénus a régulièrement fourni son contingent en
» fruits rouges dans la framboise et la mûre de ronce.

» En *simple*, LA MURE DE RONCE; *hiérogl.* la vraie morale.
» En *composé*, LA FRAMBROISE;   »   la fausse morale.

» Il règne, dans la morale sévère, des intentions
» amicales et bénévoles pour l'enfant; mais les théories
» morales ne lui présentent, comme la ronce, que des
» épines. Rien de plus insipide que cette science qui
» veut nous établir en guerre avec nous-mêmes, avec
» la nature ou attraction. Aussi la mûre, emblème de
» la morale pure et simple, donne-t-elle un fruit fade
» et bon pour amuser les enfants, mais qui n'arrive pas
» jusqu'aux bonnes tables et n'est pas un fruit d'homme
» fait.

» Il en est ainsi de la morale dont les systèmes, en-
» nemis du luxe, peuvent trouver crédit chez les en-
» fants, mais non pas chez les hommes faits. C'est par
» analogie que la saveur de mûre, qui nous flattait dans
» l'enfance, paraît fort insipide à l'âge viril.

» Ce petit fruit, en passant du rouge au noir, de la
» couleur du luxe à celle du deuil et des privations, nous
» peint la marche de la science morale, qui est fille du
» luxe, car elle ne naît que dans les états opulents, et
» qui, oubliant son origine, arbore les couleurs de la
» pauvreté et nous prêche les privations. La ronce ne
» fleurit et ne mûrit que fort tard, par analogie à la
» naissance tardive des sectes morales, qui sont des
» fruits de civilisation avancée et parvenue au plein.
» Quant au rôle social de ces sectes, il est représenté

» par les jets qui de toutes parts vont poser des en-
» traves, arrêtant les petits voleurs et non pas les gros.
» Ainsi la morale contient tout au plus les enfants, et
» non pas les pères.

» Par analogie à cette science qui veut étouffer les
» passions, la ronce jette de tous côtés ses rameaux
» épineux qui vont au loin s'enraciner et obstruer la
» circulation. Eh ! que reste-t-il de leurs fatras de
» branches éparses ? Il n'en reste, comme des nom-
» breux systèmes de morale, qu'un chaos inextricable
» dont les plus érudits sont réduits à dire, avec Con-
» dillac : *Il faut oublier tout ce que nous avons appris,*
» *reprendre nos idées à leur origine, et refaire l'en-*
» *tendement humain.*

» Il le faut d'autant mieux que la morale ne conduit
» qu'à la ruine, figurée par les couleurs du fruit de ronce,
» passant du rouge au noir, du luxe à la pauvreté. Qui-
» conque voudra suivre les principes de morale sévère,
» la justice et la vérité, n'arrivera à coup sûr qu'à la
» pauvreté, et sera en peu de temps ruiné.

» Passant du simple au composé, de la mûre à la
» frambroise, nous trouverons dans celle-ci les emblè-
» mes de la fausse morale qui amalgame, avec quelques
» momeries de bons principes, les dogmes d'ambition
» et de rapacité. Aussi la framboise n'arrive-t-elle pas
» au noir, couleur de la pauvreté ; elle s'en tient à la
» couleur du luxe, au rouge vif. Elle rejette l'épine,

» par allusion à la morale mondaine qui rejette les doc-
» trines contraires au plaisir. Elle est, comme la mûre,
» divisée par petites capsules comprimées, en symbole
» de l'éducation civilisée, qui, même chez les gens du
» monde, est un concours de doctrines répressives et
» ne produit que des enfants viciés et suspects. Aussi
» la frambroise, qui en est l'hiéroglyphe, est-elle de
» tous les fruits le plus vermoulu : c'est un ramas de
» vers petits ou grands, ce qui la fait suspecter géné-
» ralement, et malgré sa saveur exquise, elle est peu
» présentable : on voit la majorité des convives s'en
» défier, et la dédaigner à cause des vers dont elle est
» si rarement exempte.

» De là vient qu'elle n'est propre qu'aux emplois
» composés ou alliés au feu. La confiserie en tire grand
» parti. Les enfants et les imprudents la mangent crue
» et sans défiance ; de même que dans le monde les im-
» prudents se lient facilement avec un homme imbu
» de mauvais principes, mais séduisant par le ton et la
» fortune.

» La balsamine est le portrait de l'égoïste industrieux.
» Les feuilles finement dentées et symétriquement dis-
» tribuées sont un emblème du travail intelligent. Une
» touffe de feuilles surmonte les fleurs, en symbole de
» l'économe judicieux et prudent, qui veut que le tra-
» vail (figuré par les feuilles) et le bénéfice excèdent la

» dépense. En suivant cette méthode, il peut briller
» longtemps sans s'appauvrir, comme la balsamine qui
» donne une série de feuilles copieuses, brillantes et
» longtemps renouvelées.

» Les ménages pourvus de cette prudence raffinée
» sont ambitieux et égoïstes au suprême degré. Aussi
» la balsamine, par analogie, refuse-t-elle tout cadeau
» à l'homme ; ses fleurs sont imprenables isolément par
» défaut de queue, et collectivement par embarras de
» feuillage. On ne peut ni les cueillir, ni en garnir les
» vases de salon ; c'est une plante qui ne vit que pour
» elle, comme les ménages des riches égoïstes donnant
» du relief au pays ; gens d'industrie et de représenta-
» tion, utiles à la masse, mais insipides par leur esprit
» cauteleux ; gens qui se rendent nécessaires, comme
» la balsamine, sans être ni aimés ni aimables. Ils
» savent s'installer dans toutes les avenues de la gran-
» deur, comme cette fleur qui s'empare des lieux les
» plus fréquentés du parterre, et y joue le grand rôle,
» sans y exciter le charme ; aussi est-elle privée de par-
» fum, symbole de charme. Elle est tardive et meuble
» d'automne, par allusion à ces thésauriseurs qui ne
» commencent que tard à figurer dans le monde. Malgré
» toute leur vigilance, il arrive que leur fortune passe à
» des héritiers imprudents qui la dissipent, et de même
» la graine ou héritage de la balsamine s'échappe des
» mains au moment où on la recueille sans précaution.

» J'explique ici l'analogie du perroquet, emblème
» des faux savants, des gens habiles à manier la parole
» et en abuser en discours et en écrits. Tout est magni-
» fique dans leur plumage littéraire. On n'y trouve que
» perfectibilités perfectibles, vertus civiques, amour
» du commerce, balance, contre-poids, garantie, équi-
» libre et bonheur suprême assuré au peuple si l'on
» veut mettre les philosophes à la tête du gouverne-
» ment. La nature a dû donner un superbe plumage à
» l'oiseau emblématique de ces hâbleurs : il étonne,
» comme nos sophistes, par son habileté à manier la
» parole ; mais c'est l'oiseau le plus perfide par ses
» morsures.

» Comme il n'y a qu'astuce et piéges dans leurs dis-
» cours, la nature en dépeint la fausseté dans certains
» perroquets par la double couleur du bec montrant
» une mandibule blanche, symbole de la pureté qu'af-
» fectent ces beaux parleurs. Le bec présente un
» énorme crochet, image de la rapacité de tous ces
» êtres à parole fleurie, démagogues, gens de loi, so-
» phistes, etc., gens qui par le verbiage s'accrochent à
» tout, comme le perroquet par son bec.

» Leur éloquence ne tend qu'à la rapine ; elle ne
» couvre que piéges et noirceurs, figurées par la langue
» noire du perroquet. Il est inutile et immangeable, en
» symbole de l'inutilité de leur bel esprit. Il est bate-

» leur comme eux, habile à faire cent minauderies
» et se retourner en tout sens; image des caméléons
» littéraires, il harasse, il étourdit par son cri aigre
» et perçant, son bavardage perpétuel ; comme ces
» sophistes qui étourdissent le siècle de leur phébus
» de perfectibilité, et harassent l'administration sur
» ce qu'elle ne veut pas élever le peuple au vrai bon-
» heur en donnant de bonnes places aux philoso-
» phes. »

Pour trouver l'analogie particulière d'un végétal ou d'un animal, Fourier part de la connaissance des analogies spéciales de chacune des parties, de chacun des caractères qui distinguent l'individu. Ainsi, dans le règne végétal :

Racine : . . . . . . Emblème des principes qui règnent dans l'essor de la passion.

Tige : . . . . Emblème de la marche que suit la passion.

Feuille : . . . . . . Emblème de la classe ou de la personne dépeinte ; puis emblème des soins (éducation et autres) qui ont préparé l'effet de la passion.

Calice : . . . . . . Emblème de la forme dont s'enveloppe une passion, des alentours qui l'influencent.

Pétales : . . . . . . Emblème de l'espèce de plaisir attaché à l'exercice de la passion.

Pistils, étamines : Emblème du produit que doit donner la passion.

Graine : . . . . . . Emblème des trésors amassés par l'exercice de la passion.

Parfum : . . . . . Emblème du charme qu'excite la passion.

Fourier se sert encore, pour ses calculs, de l'analogie des couleurs, des formes géométriques, analo-

gies qui se trouvent, avec plusieurs autres, dans le
tableau suivant :

GAMME DES DROITS NATURELS, AVEC ANALOGIES.

		Droits.	Passions.	Couleurs.	Courbes.	
1.		Cueillette.	Amitié.	Violet.	Cercle.	ut.
2.		Pâture.	Amour.	Azur.	Ellipse.	mi.
3.	Cardinaux.	Pêche.	Familisme.	Jaune.	Parabole.	sol.
4.		Chasse.	Ambition.	Rouge.	Hyperbole.	si.
5.		Ligue interᵉ.	Cabaliste.	Indigo. Spirale.		re.
6.	Distributifs.	Insouciance.	Papillonne.	Vert.	Conchoïde.	fa.
7.		Vol extérieur.	Composite.	Orangé.	Logarithmique.	la.
(1) Y		MINIMUM.	UNITÉISME.	BLANC.	CYCLOÏDE.	ut H.
X		Liberté.	Favoritisme.	Noir.	Epicycloïde.	B ut.

Les droits naturels sont ceux dont jouit le sauvage
dans son état de liberté brute. Le sauvage perd quand
il entre dans la Société civilisée qui ne lui offre pas
l'équivalent de ces droits. C'est donc avec raison qu'il
refuse la Civilisation ; mais il acceptera avec bonheur
l'Harmonie.

Fourier n'a pas expliqué toutes les parties de ces
tableaux. Nous essaierons de dire quelques mots des
courbes du second degré, pour montrer comment des
lignes peuvent représenter des passions.

L'*amitié* et l'*amour*, qui agissent dans une sphère

(1) Y Signe de pivot direct.
X Signe de pivot inverse.

circonscrite, qui se préoccupent exclusivement de la génération présente, d'un nombre limité d'individus, sont représentés par le *cercle* et l'*ellipse*, courbes finies, fermées, embrassant un espace nettement circonscrit.

La *parabole* et l'*hyperbole*, au contraire, sont des courbes qui ne se terminent pas, qui s'allongent indéfiniment, comme le *familisme* qui songe aux arrière-neveux, comme l'*ambition* qui rêve la postérité.

Dans le groupe d'*amitié* règnent l'égalité et la confusion de rangs. Dans le *cercle* tous les rayons sont identiques, tous partent du centre et se réfléchissent au centre.

L'*ellipse* présente deux foyers. Tout ce qui part de l'un se réfléchit à l'autre, image exacte de ce qui se passe entre deux cœurs unis par l'*amour*. Si le plan de l'ellipse s'incline de plus en plus sur une des arêtes du cône, un des foyers s'éloigne et va se perdre à l'infini. Alors l'ellipse n'est plus, la courbe est une *parabole*. C'est ainsi que l'amour dégénère insensiblement et conduit au *familisme*; c'est ainsi que l'affection qui rayonnait sur un seul être tend à s'élargir, à en embrasser plusieurs, à s'étendre jusqu'à l'infini dans le temps, comme les rayons de la parabole qui vont chercher le second foyer à l'infini dans l'espace.

Le rayon parti du foyer de l'*hyperbole* remonte en s'éloignant de l'axe après avoir été réfléchi sur la courbe ; il remonte d'autant plus qu'il a atteint déjà, du premier jet, un point plus élevé. C'est ainsi que l'*ambitieux* tend toujours à dépasser le point où il est parvenu, et que ses désirs se grossissent de tous ses succès précédents.

L'*hyperbole*, comme l'*ellipse*, a pour limite la *parabole*, parce que l'*ambition*, comme l'*amour*, conduit au *familisme*. L'ambitieux, quand il n'a plus rien à espérer pour lui-même, songe à ses descendants, à sa maison, à son nom qu'il veut transmettre aux âges futurs.

Nous terminerons ce chapitre en donnant encore quelques applications qui ne sont pas dans les livres du Maître, qui viennent de lui cependant, et qui nous ont été transmises verbalement.

L'*araignée* est un emblème du *commerce civilisé*.

Il faut être sans cesse en garde contre l'araignée, disposée à usurper toute place qui n'est pas visitée chaque jour.

Le commerce aussi dresse son échoppe ou son magasin partout où il peut s'établir, dans les rues les plus sales, contre les plus beaux monuments ; tout emplacement aujourd'hui déblayé aura demain sa boutique ou sa toile d'araignée.

Boutiques et toiles d'araignée présentent toutes les

variétés entre le beau et le laid : les unes sales et repoussantes, les autres brillantes de propreté, d'ordre et de symétrie. Dans toutes, d'ingénieuses combinaisons de fils et de cloches préviennent immédiatement le maître du logis de la présence d'un étranger.

Ce maître, araignée ou marchand, passe sa vie dans un coin qu'il s'est réservé. Là il ouvre les yeux et les oreilles; il regarde, il écoute : c'est sa fonction. Se mouvoir, changer de place, n'est qu'un accident dans son existence.

Mais la boutique est en état, l'araignée est à son poste !.... Malheur à l'imprudent, *bipède* ou *diptère*, qui s'approche, conduit par son mauvais destin !.... S'il touche au piége, sa présence est connue et son sort est fixé !.... Marchand et araignée s'élancent !.... Ils saisissent leur proie !.... Ils l'emmaillotent de fils glutineux ou de paroles mielleuses !.... Et quand ils l'ont privée de l'usage de ses membres ou de son esprit, ils lui enfoncent au cœur ou dans la bourse un avide suçoir !.... Puis ils aspirent !.... ils aspirent jusqu'à ce que tout soit à sec !.... Alors ils tournent dédaigneusement le dos à ce cadavre vide de sang, à cette bourse veuve d'espèces.

L'araignée a une tête couverte d'yeux, un ventre énorme, des pattes longues et crochues : mais le thorax manque, elle n'a ni poitrine, ni cœur. L'araignée dévore ses semblables, la femelle mange le mâle, elle mange ses petits. Les marchands aussi se font une guerre acharnée, et sans considération de famille ou de patrie, les plus petits sont dévorés par les plus gros.

Dresser leurs filets, saisir leur proie, tel est le travail de l'un et de l'autre : ce travail les engraisse aux dépens d'autrui, mais il est sans fruit pour le corps social : on ne peut rien tirer d'une toile d'araignée.

Le *crapaud* est emblème du *mendiant*.

Le crapaud se traîne sur les chemins, étalant ses pustules dégoutantes, excédant par son cri monotone, comme le mendiant dont on se détourne avec répugnance, la vue blessée des plaies qu'il découvre, l'oreille fatiguée de son incessante sollicitation.

La *grenouille* est un mendiant d'un extérieur plus soigné, et qui peut pénétrer dans les bonnes maisons : c'est la *solliciteuse*.

Le *singe*, avec sa tendance à imiter, ses grimaces, son esprit malfaisant et destructeur, son cynisme, est un emblème, malheureusement trop frappant, de l'*enfance* en Civilisation. Le cœur se serre lorsque l'on songe à la vérité du portrait.

FIN DE LA SECONDE PARTIE.

POSTFACE.

—◦❂◦—

RÉSUMÉ.

Enfin nous avons rempli la tâche que nous nous étions imposée ; nous avons présenté la conception dans son ensemble, nous avons parlé non-seulement de ce que Fourier *propose*, mais encore de ce qu'il *prévoit* pour l'avenir ; nous avons abordé toutes les questions, depuis la réforme de la commune jusqu'aux modifications que le temps doit apporter dans les mœurs, jusqu'aux calculs cosmogoniques et analogiques ; nous avons tout dit.

Nous avons tout dit : nous avons fait connaître ce que nous savons, ce que nous croyons, ce que nous désirons *pour tous nos frères comme pour nous ;* nous avons montré notre FOI, notre ESPÉRANCE et notre CHARITÉ !

Le bon et le beau, la raison et le merveilleux, la logique et la poésie, ne sont-ils pas unis et confondus dans la création, telle que Fourier nous la révèle [1] ? La destinée de l'homme ainsi comprise, ne satisfait-elle pas harmonieusement tout ce qui est dans ses sens, dans son esprit et dans son cœur ? n'offre-t-elle pas un large développement à toute grande pensée, à toute tendance généreuse, à tout noble sentiment ? Dieu n'apparaît-il pas, au sommet de la création, dans toute la splendeur de sa majesté infinie, recélant tous les êtres dans son sein, et formant avec eux un immense concert de bonheur et d'amour ?

Fourier n'a-t-il pas apporté au monde des paroles par lesquelles sont immédiatement étouffés, au cœur de l'homme, la haine, l'envie, la colère et tous les mauvais sentiments ; par lesquelles la douleur se calme et le désespoir s'apaise ? des paroles toujours empreintes du sentiment religieux le plus large, le plus élevé ? des paroles qui font ressortir avec éclat la dignité humaine, la grandeur de notre destinée, l'harmonie de nos rapports avec Dieu ?

Que proposent donc, qui n'ait été essayé mille fois et sans succès, contre les douleurs de la Société, ces hommes qui voudraient étouffer notre voix sous leur

---

anathème? que veulent, à cette imposante conception,
ces tristes bouffons qui, de chaque grande pensée contre
laquelle ils se sont heurtés, n'ont su extraire qu'un
quolibet? Que ceux-ci montrent le point de la doctrine
dont on peut rire! que ceux-là indiquent la partie dont
il faut s'indigner!

Ils chercheraient vainement, et la doctrine compte-
rait bien peu d'adversaires, si tous songeaient à appro-
fondir une idée avant de la repousser; si l'on ne frappait
jamais sans savoir, si l'on étudiait pour connaître et
non pour découvrir quelques fragments de phrases à
citer à l'appui d'une critique irréfléchie. Pour sentir
combien sont mérités ces reproches que nous adressons à ces hommes qui n'ont fait aucun effort pour
nous comprendre et qui cependant prétendent nous
juger, il suffit d'avoir parcouru cet ouvrage que nous
allons résumer en peu de mots :

Nos Sociétés sont divisées en partis dont les vœux
semblent inconciliables, de sorte que chacun d'eux,
pour triompher, doit désirer la compression et la ruine
des partis opposés.

Nos Sociétés sont composées de classes qui veulent
conserver ce qu'elles ont, et de classes qui veulent obtenir ce qu'elles n'ont pas : les premières pensent
qu'elles ne peuvent *accorder sans perdre;* les secondes,
qu'elles ne peuvent *gagner sans prendre.*

L'École phalanstérienne se présente SEULE *avec une
parole de paix,* puisque SEULE elle reconnaît la légitimité de tous les vœux, et offre un projet capable de
les satisfaire tous à la fois.

Elle dit aux classes supérieures que les biens qu'elles ont, que les avantages qu'elles possèdent, leur appartiennent en toute légitimité, qu'il y aurait crime à les dépouiller de la moindre parcelle. Mais elle ajoute qu'à côté de ce droit, il s'élève un droit non moins sacré, le droit de vivre que réclame le prolétaire, droit menaçant pour le riche et pour l'ordre social, tant qu'il ne sera pas reconnu et satisfait.

Elle dit aux classes inférieures qu'elles auraient à souffrir encore plus si elles dépouillaient les classes plus heureuses, parce qu'ainsi elles appauvriraient les riches, sans enrichir sensiblement les pauvres, de sorte que, tous étant misérablement occupés à se défendre contre la faim, les arts, les sciences, la haute industrie seraient abandonnés, et l'humanité rétrograderait vers la barbarie.

Elle prouve que le mal vient du mauvais emploi de la force humaine, qui s'use infructueusement dans les guerres, dans les luttes de l'homme contre l'homme.

Elle propose un plan d'organisation du travail, qui, faisant converger tous les efforts pour extraire du globe, *inépuisable réservoir*, une plus grande somme de biens et d'éléments de bonheur, permettrait de donner à tous, de donner à ceux qui n'ont pas, en donnant encore à ceux qui ont.

D'autre part l'École accepte toutes les individualités que Dieu a faites; elle met chacun en position de servir la Société, tout en satisfaisant ses penchants et ses goûts. Pour elle, chaque caractère a sa raison d'être; et quand un caractère semble mauvais, c'est qu'il n'a pas trouvé sa fonction propre, c'est qu'il est attaché à une œuvre qui discorde avec ses aptitudes.

Ainsi la doctrine se distingue par un caractère qui est, quand on a su comprendre Dieu, le sceau même de la vérité.

Elle concilie tout, peuples, classes, individus ; devoirs et penchants ; ordre et liberté. Elle est essentiellement pacifique, non plus seulemeut parce qu'elle prêche l'accord et la fraternité, mais surtout parce qu'elle a puissance de placer les hommes dans des conditions telles que jamais ils ne songeront à rompre cet accord, à violer les lois de cette fraternité.

N'est-il pas évident que Dieu a créé et organisé l'homme en vue d'un ordre de choses aussi parfait ? Quelle science lui aurait-il fallu pour donner aux êtres des instincts, des penchants, des besoins contradictoires ; pour leur offrir des tâches sans rapports avec leurs aptitudes ! Etait-il digne de lui de préparer ainsi des matériaux qui ne pourraient se coordonner, s'assembler, former un tout ! Pour produire le chaos, le hasard à lui seul eût largement suffi.

Faut-il à l'homme des preuves palpables qu'il est aujourd'hui hors de la loi divine, qu'il a manqué sa destinée ? Que l'homme jette les yeux sur la surface de la terre.

Tout n'est-il pas harmonieux et magnifique dans la création ? Est-ce donc chichement que Dieu mesure ses bienfaits ? Dieu nous offre-t-il strictement le nécessaire, ou nous invite-t-il à vivre au sein de l'abondance, avec tous les raffinements du luxe et du superflu ?

« L'arbre donne le fruit, mais auparavant il se couronne de fleurs. La fleur est parée des couleurs les plus riantes, et elle répand encore les plus enivrants parfums. L'oiseau, l'insecte, la bête fauve, rivalisent pour leur parure, de propreté, de confortable et d'éclat. Sur le globe tous chantent, tous sont heureux, tout est richesse, tout est splendeur !

« Pour admirer, parcourez les champs et les bois, regardez les animaux sauvages ; mais n'approchez pas de la demeure de l'homme. Prince déchu, roi détrôné, l'homme connaît seul les infirmités hideuses, la misère et les haillons ! Sur la terre, l'homme seul fait tache : sa demeure seule est souillée ; ses vêtements seuls sont en lambeaux !

« N'y-a-t-il pas là un renversement de l'ordre naturel ? Le maître doit-il être le plus mal traité ? L'homme ne doit-il jamais se relever de l'état d'abjection où il est tombé ?

« En résumé, les caractères que présente la Théorie de Fourier ne sont-ils pas les caractères de la VÉRITÉ, de la vérité que l'homme doit reconnaître à son triple aspect, le *beau*, le *bon*, le *juste ?*

« Qu'on réfléchisse, avant de répondre : c'est par de sérieuses méditations qu'il est possible de s'approprier des idées nouvelles, souvent en contradiction avec toutes les idées reçues. Il ne s'agit plus d'une de ces prétendues doctrines renfermées dans les quelques mots qu'elles inscrivent sur leurs drapeaux ; il s'agit d'une science complète, d'une découverte qui a coûté quarante années de labeur à un homme d'un immense génie, et qui ne peut être perçue qu'après un travail consciencieux. Il faut peser et penser pour comprendre; nous ne devons rien espérer de celui qui ne se résignera pas à cet effort; il comprendra, mais quand il aura vu.

Pour abréger ce travail nécessaire, nous avons cherché à renfermer dans un cadre peu étendu une vue d'ensemble, un plan général de la conception. Il ne faut pas oublier qu'ainsi nous n'avons pu offrir que les grands traits, que les principes de la science; qu'il est des détails essentiels, des développements d'une haute valeur, que nous avons dû omettre et qu'il faut chercher ailleurs, spécialement dans les livres mêmes de Fourier.

CITATION.

La Déraison politique et morale,

OU LE PIÉGE DES OUVRAGES BIEN ÉCRITS (1).

« Quelque sujet qu'on traite, ou plaisant ou sublime,
» Que toujours le bon sens s'accorde avec la rime. »

Si le bon sens est exigé même en poésie, à plus forte
raison est-il exigible en prose. Dès lors on ne voit pas
à quel titre les moralistes peuvent se croire affranchis
des règles du bon sens et du sens commun, dans leurs
théories de modération.

Surpris de l'apostrophe, ils vont répliquer que rien
n'est plus sensé que la morale douce et pure, étayée de
la froide raison. Quant à moi, j'y cherche vainement

(1) *Théorie de l'Unité universelle* par Cʜ. Fourier, t. IV, p. 477.

une lueur de raison, et je n'y trouve à chaque page qu'un tissu de folies. Choisissons pour preuve quelque fragment d'une de ces morales qui FONT LE TOUR DU MONDE, la morale du divin Fénélon, ami des hommes et des dieux, oracle des saines doctrines de la simple nature. Voyons, dans cette courte analyse, *à quel degré de folie les dogmes de modération peuvent conduire l'esprit humain.*

Après avoir décrété de quelles couleurs les sept classes de citoyens seront habillées à Salente, et avoir assigné aux dernières classes les couleurs rose, jaune et blanc, d'où il suit que les charbonniers et fabricants d'encre seront habillés en rose, jaune et blanc, Mentor continue par le décret suivant, qui serait assez mal accueilli dans notre siècle mercantile :

« On ne souffrira jamais aucun changement, ni pour
» la nature, ni pour la forme des habits ; car il est in-
» digne que des hommes destinés à une vie sérieuse et
» noble s'amusent à inventer des parures affectées »
(voilà le congé de réforme pour les fabricants et
ouvriers de mode); «.ni qu'ils permettent que leurs
» femmes, à qui ces amusements seraient moins hon-
» teux, tombent jamais dans cet excès. »

Le décret est galant : ainsi, Mesdames, quand vous songez à vous parer d'un colifichet, votre époux, s'il est ami des saines doctrines, doit vous défendre tout changement dans les parures et vêtements ; jamais ni châle, ni bonnet de nouveau goût; ainsi l'exige la morale douce et pure du divin Fénélon.

« Il défendit toutes les marchandises des pays étran-
» gers, qui peuvent introduire le luxe et la mollesse. » Qu'il se garde bien de prêcher cette morale aux fabricants de Paris et de Lyon, ainsi qu'à ceux d'Angleterre, tous gens fort jaloux de vendre leurs coquilles à l'é-
tranger.

« Il régla de même la nourriture des citoyens!!! » Ceci devient intéressant : le sieur Mentor va nous pres-
crire et limiter nos mets à perpétuité. Quelques-uns se plaignent déjà du carême, qui établit cette gêne pendant six semaines : ici la philosophie va plus loin ; elle veut régler la nourriture pendant tout le cours de l'année. Mais voyons ses statuts en cuisine.

« Quelle honte, disait-il, que les hommes les plus
» élevés fassent consister leur grandeur dans les ra-
» goûts par lesquels ils amollissent leur âme et ruinent
» incessamment la santé de leur corps! Il faut donc ,
» ajoute Mentor, borner vos repas aux viandes apprê-
» tées sans aucun ragoût ; c'est un art pour empoi-
» sonner les hommes. » Tout doux, seigneur Mentor ; on vous citera tels individus qui ne peuvent se nourrir que de ragoût, même à déjeuner. Voilà bien les moralistes : ils veulent non-seulement soumettre à leurs ca-
prices tous les esprits, mais, qui pis est, tous les estomacs.

« Le roi Idoménée (en vrai ami des saines doctrines)
» retranche donc tous les ragoûts, et Mentor retranche
» ensuite la musique molle et efféminée qui corrompait
» toute la jeunesse. Il borne la musique aux fêtes, dans
» les temples, pour y chanter les louanges des dieux et
» des héros. » Voilà de saines doctrines musicales : dé-
fendons tous ces chants efféminés des Grétry, des
Sacchini ; n'admettons que les musiques mâles, comme
la *Carmagnole* et le *Tragala*, si nous voulons être au
ton de la morale douce et pure.

» Il défendit très-sévèrement la magnificence des
» maisons, et voulut que chaque maison un peu grande
» eût un péristyle. » Y pensez-vous, seigneur Fénélon?
un péristyle est une magnificence très-coûteuse. Voilà
bien les moralistes : coûte qui coûte, ils veulent que
chacun se conforme à leurs goûts, et un philosophe
qui aura bâti un péristyle, ordonnera à tout citoyen
d'en bâtir autant. Celui-ci veut « que chaque maison
» ait de petites chambres pour les personnes libres. »
Pourquoi dans un pays très-chaud, comme Salente
(état de Naples), ne pas permettre les grandes chambres
salubres et bien aérées? Mais notre moraliste aime les
petites chambres ; il faudra que chacun se confine
comme lui dans un réduit, tout en faisant l'énorme
dépense d'un péristyle, qui suppose colonnes ou pi-
lastres.

L'article d'où j'extrais ces sornettes ne s'étend

qu'à une huitaine de pages, ce qui rend les contra-dictions d'autant plus plaisantes, qu'elles ne sont souvent qu'à un feuillet de distance, comme les suivantes, fort dignes de l'attention des commerçants et des économistes :

« Il faut régler l'étendue de terre que chaque famille » pourra posséder; il ne faut permettre *à chacun*, » *dans chaque classe*, *que l'étendue de terre* ABSO-» LUMENT NÉCESSAIRE pour nourrir le nombre de » personnes dont elle est composée..... » (C'est la *loi agraire*, l'arrière-secret de la morale douce et pure.)

« Si l'on a planté trop de vignes, il faut qu'on les » arrache; le vin est la source des plus grands maux » parmi les peuples. Que le vin soit donc conservé » comme une espèce de rémède, ou comme une liqueur » très-rare, qui n'est employée que pour les sacrifices. » (Et ailleurs il dit) qu'on n'admette que le vin du » pays. »

Ne garder du vin que pour les burettes !!! Voilà un moraliste bien endiablé contre les ragoûts et le vin : comment s'accordera-t-il avec Horace et Anacréon, et même avec les sacrificateurs ou prêtres, qui ne sont point d'avis qu'on limite aux burettes l'usage du vin ; ils aiment assez à voir du vin sur table : mais procé-dons au recueil des contradictions que notre moraliste va articuler, dès les pages suivantes, contre son pré-cepte de loi agraire et destruction des vignes.

14

« D'ailleurs, la liberté de commerce était entière à
» Salente : bien loin de le gêner par des impôts, on
» promettait une récompense à tout marchand qui
» pourrait attirer à Salente le commerce de quelque
» nouvelle nation. »

Eh ! sur quoi commercera-t-on dans un pays qui, ne
cultivant que la quantité de terre ABSOLUMENT NÉCES-
SAIRE pour nourrir son peuple, n'a pas de superflu à
exporter ? Un pays qui, arrachant les vignes et n'admettant que les vins du cru, ne peut acheter ni vins
étrangers, ni liqueurs, également prohibées, et qui défend *toutes marchandises de pays étrangers, pouvant
introduire le luxe et la mollesse ;* un pays où le savant
politique Mentor « RETRANCHA un nombre prodigieux
» de marchands qui vendaient des étoffes façonnées
» des pays éloignés ; des broderies, des vases d'or et
» d'argent, avec des figures de dieux, d'hommes et
» d'animaux ; des parfums, de beaux meubles, etc. »
(Mentor a ordonné plus haut de rassembler tous les
meubles somptueux et de les vendre aux Peucètes,
pour éviter la corruption et la renvoyer charitablement
chez les voisins.)

Après tant de prohibitions, je ne vois pas sur quoi
on pourra commercer dans une contrée qui ne veut
rien acheter de l'étranger, et qui, n'ayant que les cultures *absolument nécessaires,* n'a rien à donner en
échange, rien à livrer au commerce extérieur.

Cet obstacle n'embarrasse pas notre moraliste, et il va d'un trait de plume créer dans Salente un commerce plus immense que celui de Londres : écoutons.

« Ainsi les peuples y accoururent bientôt en foule
» de toutes parts : le commerce de cette ville était sem-
» blable au flux et reflux de la mer : les trésors y en-
» traient comme les flots viennent l'un sur l'autre : *la*
» *franchise*, *la bonne foi*, *la candeur* semblaient, du
» haut de ces superbes tours, appeler les marchands
» des pays les plus éloignés ; chacun d'eux vivait *pai-*
» *sible* et *en sûreté* dans Salente. »

Holà, seigneur Fénélon ! vous avez dit plus haut qu'on *retranchait*, c'est-à-dire qu'on excluait et pourchassait tous ceux qui vendaient les étoffes de pays éloignés, les vins, liqueurs, parfums, vases, meubles étrangers : que pouvaient donc faire à Salente ces marchands *qui apportaient les trésors comme les flots viennent l'un sur l'autre?* Les marchands ne viennent pas pour la promenade, et ne livrent leurs trésors qu'à bonnes enseignes. Ils ne pouvaient pas vendre aux Salentins des subsistances, puisque Mentor avait *pris des précautions* pour que chaque famille en produisît le nécessaire : on pouvait encore moins vendre aux Salentins des étoffes, même d'utilité, puisque Mentor avait employé aux arts nécessaires, comme draperie et toilerie, tous les ouvriers qui servaient aux arts pernicieux : ces navigateurs ne vendaient pas des épices

dans un pays qui proscrivait les ragoûts , ainsi que
toutes les productions *lointaines* et *riches :* le pays ne
buvait que du vin du cru : sur quoi donc commerçaient
ces légions de marchands *qui apportaient les trésors
comme les flots viennent l'un sur l'autre ?* Venaient-ils
faire emplette de vertus? DE LA FRANCHISE, LA BONNE
FOI, LA CANDEUR, que Mentor place au haut des tours
de Salente? Ces denrées morales n'ont rien qui puisse
tenter les marchands : il faut laisser la franchise , la
bonne foi et la candeur au-dessus des tours superbes ;
si elles en descendaient pour venir à la bourse, elles se
trouveraient furieusement dépaysées.

Singulière science que la morale ! Quel étrange privilége que celui d'enseigner gravement des inepties.,
des contradictions stupides qu'un enfant de 10 ans rou-
girait d'avoir écrites? Horace dit que les peintres et les
poëtes peuvent tout oser : il me semble que les moralistes usent largement de ce droit. Quel dommage qu'on
ne rencontre plus de ces rois dociles, comme Idoménée,
à qui un moraliste pourrait dire : « Change tes passions,
» rédime ta table : point de ragoûts, ils amollissent
» l'âme ; point de vins étrangers, ils ruinent le corps ;
» point de sucreries, ni café, ni liqueurs ; point de
» beaux meubles ni de beaux appartements : borne-toi
» à une petite cellule, selon le sage Mentor : point de
» couverts d'argent ni de vaisselle plate ; mange dans
» une cuiller de bois, selon la morale douce et pure de

» Salente, qui défend les vases et meubles d'argent ;
» obéis aveuglément aux ordres des philosophes ; ré-
» prime tous tes désirs ; fais arracher les vignes ; bou-
» leverse les cultures et les propriétés ; établis la loi
» agraire, et tu seras digne du beau nom de roi phi-
» losophe. » Voilà en résumé la morale que Mentor fait
adopter au bon prince Idoménée : bonne pâte de roi ;
on n'en fait plus de cette trempe !

   « Aussitôt Idoménée régla sa table, où il n'admit que
» du pain excellent (pourquoi si bon ? le pain bis serait
» plus moral) ; du vin du pays, qui est *agréable et fort,*
» avec des viandes simples. Personne n'osa se plaindre
» d'une RÈGLE que le roi s'imposait lui-même, et
» chacun se corrigea ainsi de la profusion et de la dé-
» licatesse où l'on commençait à se plonger par les
» repas. »

Ladite *règle* prescrite et pratiquée par le roi ne s'accorde guère avec la *règle* précédente, qui veut qu'on
réserve le vin pour les sacrifices et les médicaments ;
qu'on n'en cultive que le nécessaire pour ces deux emplois. Voilà les Salentins réduits, selon l'usage moral,
à opter entre plusieurs règles contradictoires : celle de
Mentor, qui ne veut point de vin à table, et celle du
roi qui se fait servir sur table du vin *agréable et fort,*
comme exemple à suivre. Ici les Salentins se rangeront
à l'avis du roi, et avec d'autant plus de raison que
Mentor, après avoir dit d'une part qu'il faut arracher les

vignes, parce que le vin est la source des plus grands maux, dit, aux précédentes pages, qu'il faut en cultiver beaucoup : voici le texte.

« Mettez des taxes, des amendes, sur ceux qui né-
» gligent leurs cultures ; et Bacchus foulant sous ses
» pieds les raisins, fera couler du penchant des mon-
» tagnes, des ruisseaux de vin plus doux que le nectar;
» et les creux vallons retentiront des concerts des ber-
» gers. »

Nul doute que les bergers et les paysans ne chantent miracle, quand ils verront les ruisseaux changés en vin aussi bon que du nectar. La joie sera la même qu'aux noces de Cana. Mais il faudra bien leur permettre de boire de cet excellent vin, puisqu'on les punit par des *taxes et amendes* s'ils en négligent la culture.

Un célèbre fabuliste blâme les médecins *Tant-Pis* et *Tant-Mieux*, d'ouvrir deux avis contradictoires dont le malade est victime. Ces médecins ont du moins l'excuse de la dualité d'individus. Ici le moraliste étant seul ne devrait avoir qu'une opinion, et il en a non pas deux, mais trois bien distinctes : en effet,

1°. Il veut d'abord faire arracher les vignes, source des plus grands maux ; n'en laisser que pour les sacrifices religieux, contre l'avis des prêtres mêmes, qui ne sont pas fâchés de voir du vin sur table.

2°. Après avoir condamné l'usage du vin, il excite le roi à donner l'exemple de boire chaque jour, à l'ordinaire, du vin *agréable et fort* : c'est vouloir que le roi invite à l'immoralité, puisque le vin et les ragoûts sont la source des plus grands maux.

3°. Oubliant ses diatribes contre le vin, il finit par changer les ruisseaux en vin délicieux comme du nectar, dont les paysans ne manqueront pas de se gorger au point de tomber morts-ivres et se livrer dans l'ivrognerie à tous les déportements.

Toutes ces contradictions sont applaudies moyennant le passe-port de morale douce et pure. Un écrivain sensé et non philosophe aurait adopté une seule opinion, un parti raisonnable, comme de permettre qu'on bût modérément du vin, chose assez nécessaire au cultivateur, sous un climat brûlant comme celui de Naples.

Fénélon, dans un autre chant de son livre, fait l'éloge *des doux présents de Bacchus pour charmer les soucis des hommes :* pourquoi vouloir en priver le cultivateur qui en a besoin, non pour se charmer, mais pour prévenir des maladies et réparer ses forces épuisées par les feux de la canicule? Un pauvre moissonneur, brûlé pendant une journée par le soleil de Naples, aurait besoin d'un peu de vin pour se soutenir : il n'en aura point ; cela ne convient pas à la morale : il faut que les moissonneurs deviennent philosophes, qu'ils s'exposent à une bonne fièvre, plutôt que de se restaurer par un verre de vin! *Risum teneatis.*

Le TÉLÉMAQUE est vanté comme oracle de saines doctrines de l'éducation philosophique : je n'y vois, ainsi que dans tous les livres de morale, qu'un tissu de fadaises faites pour fausser l'esprit des jeunes gens, les conduire à la perdition s'ils suivent seulement le quart de ces préceptes, que tout père a bien raison de démentir par *institution cupide*. Un enfant imbu de tels principes ne serait qu'un pédant hébété : arrivant à la table de son père, il y verrait, comme dans tous les ménages, un ragoût des restes de la veille : il faudrait donc qu'il sortît de table en disant au père : « *Je ne* » *veux pas amollir mon âme ni faire consister ma* » *grandeur dans les ragoûts.* » Si c'est un prince élevé selon Télémaque, il faudra qu'en montant au trône de France, il dise à ses peuples : « Habitants de Bordeaux » et Cognac, de Languedoc et Provence, de Bourgogne » et Champagne, arrachez toutes vos vignes ; n'en » gardez que de quoi dire la messe ; le vin est la source » des plus grands maux. Quand il n'y aura plus ni vins » ni eaux-de-vie à vendre dans Bordeaux et la Rochelle, » dans Marseille et Cette, vous verrez les vaisseaux y » accourir de toutes parts, et les trésors y entrer comme » les flots viennent l'un sur l'autre. »

« C'est mal interpréter, réplique-t-on : Fénélon di- » sait cela au figuré. » Non vraiment : d'ailleurs, à qui servent des préceptes qu'il ne faut prendre qu'au figuré ? Il ordonne très-positivement, avec des augures sinistres contre ceux qui n'obéiront pas : toutefois, si l'on doute du ridicule de ces doctrines, examinons-en pièce à pièce quelques-unes, d'où il sera évident que l'auteur veut anéantir la civilisation ; ce qui serait fort sage s'il indiquait une meilleure société ; mais semblable à tous les philosophes, il veut détruire sans savoir édifier. Démontrons par des citations.

Education des Crétois. « On ne leur propose jamais » d'autre plaisir que celui d'être invincibles par la » vertu. » Quelques-uns penseront qu'avec la vertu il faut de l'artillerie ; encore n'est-on pas sûr d'être invincible avec des vertus et des canons. Si je ne craignais les longueurs, je voudrais analyser au moins vingt balourdises dans cette proposition de plaisir moral, où il est impossible de trouver un sens. Allons plus loin.

« En Crète, on met le courage à fouler aux pieds les » trop grandes richesses. » Encore une vingtaine de balourdises dans ce genre de courage, comme dans le plaisir précédent. Tous les riches Crétois sont occupés à fouler aux pieds des sacs d'argent ! S'ils le méprisent tant, pourquoi ont-ils pris la peine de le gagner ? La belle chose que les idées morales, quand on les met en parallèle avec le bon sens !

« En Crète, on punit trois vices qui sont impunis » chez les autres peuples : l'ingratitude, la dissimula- » tion et l'avarice. » Eh ! ce sont les colonnes de la civilisation. *Egoïsme, fausseté, cupidité*. Si Fénélon ne veut pas de ces trois vices, il ne veut pas de la civilisation.

« En Crète, tout le monde travaille et personne ne » songe à s'enrichir. » De plus fort en plus fort ! Comment se fait-il donc qu'il y ait tant de gens *trop riches*, mettant leur courage à fouler aux pieds les *trop grandes richesses* ? Ile fortunée ! on s'y enrichit à l'excès, sans songer à rien gagner ! Le seigneur Fénélon a rêvé ici un effet de l'Harmonie sociétaire ; il ne lui restait qu'à en inventer la théorie.

« On n'y souffre ni meubles précieux, ni festins dé- » licieux, ni habits magnifiques , etc., etc. On y boit » peu de vin (c'est dommage, dans le pays de Mal- » voisie). Tout au plus y mange-t-on de grosses viandes, » sans ragoûts. » Encore la guerre aux ragoûts et au vin ! mais les mahométans, qui ne boivent pas de vin, sont-ils meilleurs que nous ? Voyez les massacreurs de Scio, les bourreaux ottomans occupés à faire périr une nation entière dans les supplices ! Sont-ils donc moins vicieux que les buveurs anglais qui leur aident à exterminer les Grecs ?

Parlant du roi de Crète il dit : « Les lois peuvent » tout sur lui : il a LES MAINS LIÉES dès qu'il veut faire » le mal (voici les principes jacobites dans un traité » de morale douce et pure et d'éducation vertueuse). » Les lois, en Crète, ne veulent pas que tant d'hommes

» servent, par leur misère et leur lâche servitude, à
» flatter l'orgueil et la mollesse d'un seul homme. LE
» ROI NE DOIT RIEN AVOIR AU-DESSUS DES AUTRES ;
» il doit être plus sobre, plus exempt de faste qu'aucun
» autre; il ne doit pas avoir plus de richesses et de
» plaisirs (.la sainte égalité) : ce n'est point pour lui-
» même que les dieux l'ont fait roi ; il ne l'est que
» pour être l'homme des peuples. Quelle horrible inhu-
» manité de leur arracher les doux fruits de la terre
» qu'ils ne tiennent que de la nature libérale et de la
» sueur de leur front ! »

En substance, il veut qu'on supprime les impôts,
qu'on rédime la liste civile, qu'on *lie les mains au roi,*
et que l'autorité passe au peuple. Voilà en propres
termes l'argot de la jacobinière, le pendant de la loi
agraire conseillée plus haut. Cependant c'est Fénélon
qui parle; c'est le livre sans pareil, la boussole d'éducation, la quintessence de morale douce et pure. Eh !
trouve-t-on dans la morale autre chose que l'esprit dé-
magogique allié aux rêveries des folles vertus ? Tel est
le piége des ouvrages bien écrits : *déraison politique et
morale ;* pas une phrase où l'on puisse concilier l'auteur avec lui-même ; pas un précepte compatible avec
le sens commun ! Tout à l'heure Mentor a retranché
la musique molle et efféminée *qui corrompt toute la
jeunesse,* et plus loin il met ses bergers en quête pour
aller chercher des chansonnettes !

« Le berger revient avec sa flûte, et chante à sa
» famille assemblée les nouvelles chansons qu'il a ap-
» prises dans les hameaux voisins. » Quoi, seigneur
Fénélon, vous voulez qu'on mène une vie sérieuse et
noble, sans aucune musique *molle et efféminée ;* et vous
conseillez de perdre le temps à s'occuper de chansons, en changer tous les jours ! A telle page vous
n'admettez que la gravité et la constance, puis au feuillet
suivant vous prêchez la frivolité et la nouveauté à ces
misérables Salentins. Vous dites : « Ils n'auront que du
» pain et des fruits de leur propre terre, gagnés à la
» sueur de leur visage. L'époux avec les chers enfants
» doivent revenir fatigués ; tous les maux du travail
» finissent avec la journée. » Les voilà donc harassés,
ne songeant qu'à trouver leur soupe aux choux et leur
châlit, n'ayant pas le temps de courir les villages voisins
pour s'y meubler l'esprit de chansons efféminées et in-
terdites selon vos dogmes, qui « bornent la musique
» aux fêtes des temples, aux louanges des dieux et
» des héros. »

Pour en finir de ces billevesées morales, voici le vertueux Narbal prouvant qu'il vaut mieux mourir que de
mentir ; soutenant que Télémaque et lui doivent aller
à l'échafaud plutôt que de dire un petit mensonge qui
leur sauverait la vie. Mais si nous avions raisonné de
la sorte en 93 et 94, où en serions-nous ? Chacun pour
sauver sa vie a dit force mensonges aux comités révo-

lutionnaires : pour mon compte, j'ai trompé trois fois en un jour le comité et la visite domiciliaire : dans ce seul jour j'ai trois fois échappé à la guillotine par de bons mensonges, et je crois avoir bien fait, n'en déplaise aux moralistes..............

Je viens d'appuyer la thèse par un aperçu des sottises dogmatiques de Télémaque ; le bonhomme Fénélon ne se doutait guère des résultats qu'aurait, en 1789, sa doctrine essayée en France. Fénélon n'est pourtant pas suspect de perversité : qu'est-ce donc des auteurs écrivant bien comme lui et n'usant de ce talent que pour exciter le désordre, s'élever aux fonctions publiques en bouleversant le système social ? Ne suffirait-il pas de cette considération, pour apprendre enfin aux modernes qu'il faut, en politique sociale, se défier des ouvrages bien écrits, recourir aux inventions bien raisonnées, reconnaître enfin à quels travers systématiques, à quel degré de folie, les dogmes de modération et les jongleries oratoires peuvent conduire la politique, lorsqu'elle se confie aux systèmes des philosophes qui, en feignant de vouloir modérer les passions, ne veulent que se livrer à leurs fantaisies et y asservir tout ce qui existe.

FIN.